가장 아름다운 노래 아가서

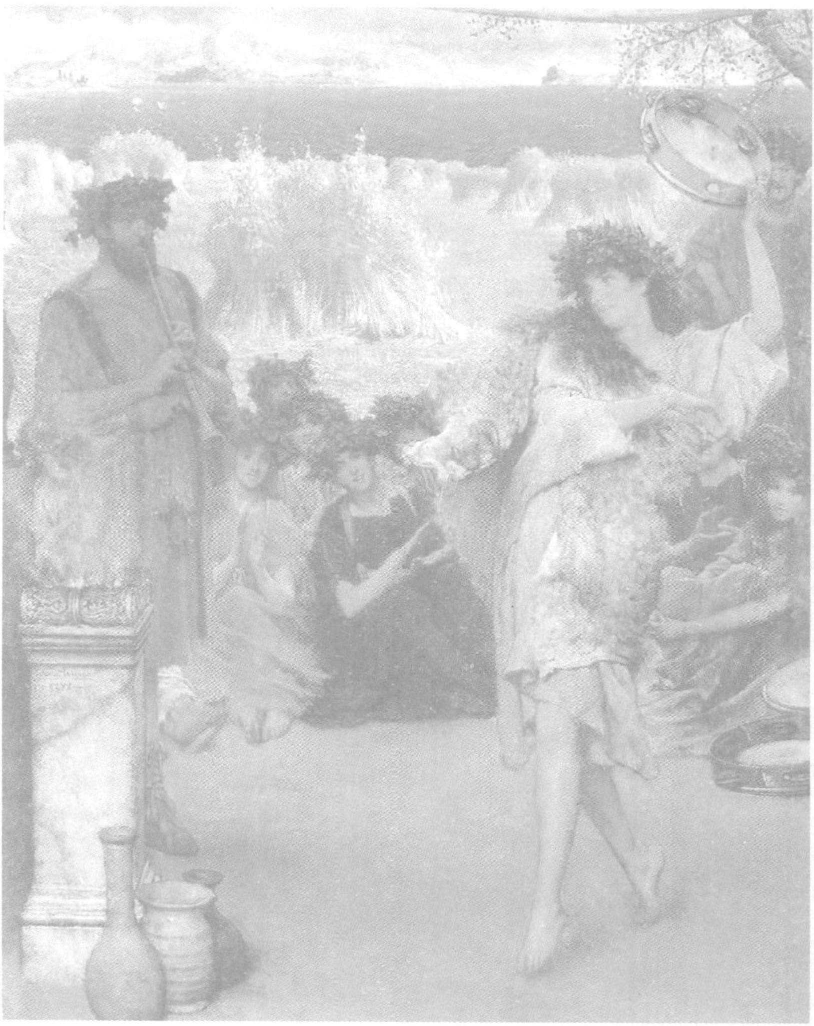

김영진 교수의 구약주석 ㉒

가장 아름다운 노래

아가서

김영진 지음

늘하기획

김영진 교수의 구약주석 ㉒ 아가서

가장 아름다운 노래 아가서

초판 1쇄 인쇄 2010년 2월 23일
초판 1쇄 발행 2010년 2월 27일

지은이 | 김영진
펴낸이 | 이재승
펴낸곳 | 하늘기획

주소 | 서울특별시 중랑구 상봉동 136-1 성신빌딩 3층
등록번호 | 제 6-0634호

총판 | 하늘물류센타
전화 | 031-947-7777
팩스 | 031-947-9753

ISBN : 978-89-923-2085-6   03230

이 책을 이 땅의 구약성경을 사랑하는 이에게 드립니다.

들어가는 말

아가서는 어떤 책인가? 어떤 이들은 이 책을 완전한 사랑의 이야기로 이해하여 조금 성적인 측면에서 해석하는 자들이 있는가 하면, 어떤 이들은 아가서를 완전히 알레고리적으로 해석하여 모든 것을 하나님과 이스라엘 혹은 그리스도와 성도 사이의 관계로 설명하기도 한다. 이 두 가지 극단적인 해석이 과연 옳은 것인가? 어떤 작품에 대한 해석은 독자의 자유라고는 하지만 그러나 아가서에서 묘사하고 있는 육체적, 관능적 사랑이 성경적으로 옳지 않은 것인가?

가장 아름다운 노래 아가서는 쾌락적인 육체적 사랑을 찬양하는 것이 아니라 남녀의 책임적 육체적 사랑은 하나님의 창조에 속하는 고귀한 것임을 밝힘으로써 하나님의 창조 영역을 확대한 것으로 볼 수 있다. 다섯 두루마리에 속하는 아가서는 구약성경 가운데서 가장 이해하기 힘든 책이다. 특히 아가서는 하나님 이름이 한 번도 등장하지 않는 책, 다른 책들과 달리 여성이 주인공으로 등장하는 몇 안 되는 책, 표현이 너무 과격하고 노골적이기에 쉽게 예배의 장에서 이용하기 어려운 책, 시적인 형태를 띠고 있기에 더욱 더 이해하기 어려운 책, 가장 아름다운 사랑의 노래이면서도 잘 이해되지 않는 책이다. 따라서 이 책은 신학을 공부한 목회자나 신학생은 물론이고, 심지어 신학자들에게도 잘 읽히지 않는 책이다. 그러나 **가장 아름다운 노래 아가서**는 아가서를 이해하기 위하여 필요한 기초 지식을 제공한다. 본 책은 아가서를 문학적 관점에서 어떻게 이해하며, 더 나아가 그 속에 들어 있는 신학이 무엇인가를 밝히고자 한다.

한국뿐만 아니라 전 세계의 성경 독자들은 신학적 전제로 성경을 접하는 경향이 있다. 물론 독자의 상황이라는 것이 본문을 이해하는 데 중요한 역할을 하는 것은 사실이지만 상황만 강조하다 보면 본문이 주는 의미를 잊을 수가 있다. 따라서 본서는 문학적인 관점에서 아가서를 이해할 수 있도록 집필을 하였다. 그러기에 필자는 우리말 성경의 번역과 히브리어 원문을 비교하여 구절, 단어, 문단의 의미가 정확히 무엇인가를 파악하고자 노력하였을 뿐 아니라 이를 바탕으로 전체적인 맥락을 이해할 수 있도록 역점을 두었다.

제1부 개론적 이해는 아가서에 관한 개론적인 정보, 즉 저자, 저작 연대, 문체 및 언어, 내용, 아가서 해석의 경향, 공간적, 사상적 배경, 신학적 주제 등에 관하여 다루었다. 그리고 고대 근동의 시가문학 가운데 이집트의 사랑노래를 소개하여 아가서와의 관련성을 독자 스스로 판단하도록 하였다.

제2부 주석적 이해는 아가서를 내용에 따라 일곱 부분으로 나누어 본문에 대한 주석 및 해설을 달았다. 특히 단어나 구절의 의미를 밝히는데 초점을 맞추었다. 두 연인의 사랑과 열망의 고백으로 시작(1:2-2:7)되는 아가서는 청년이 젊은 여인을 초청함(2:8-17), 젊은 여인이 밤에 청년을 찾음(3:1-5), 두 연인의 결혼식 날(3:6-5:1), 젊은 여인이 밤에 청년을 찾음(5:2-7:11), 젊은 여인이 청년을 초청함(7:12-8:4), 두 연인의 사랑과 열망에 대한 고백(8:5-14)으로 이루어져 있다. 특히 남자나 여자의 사랑을 묘사하는 내용과 유사한 고대 근동의 비문에 그려져 있는 그림을 제공함으로써 아가서에 대한 표상적 이해를 돕고자 했다.

일반적으로 아가서를 은유적으로 해석할 뿐 아니라 고대 근동의 다른 사랑의 노래와 유사한 장르로 해석한 것과 달리 비신격화된 사랑의 이야기로서 하나님의 창조물인 책임적 존재 사이의 아름다운 남녀의 사랑을 노래한 것으로 구약성경 신학을 가장 잘 나타내는 책인 동시에 다양한 문학적 기법을 사용하여 하나님의 창조의 영역이 이방세계로까지 확장 된 책으로 이해하였다.

본 주석서는 한글개역개정판을 사용하였을 뿐 아니라 본문의 번역을 위하여 표준새번역개정판, 200주년 구약성경 등을 참고하였음을 밝힌다. 또한 주석을 위해서는 Keel O., *The Song of Songs* (Minneapolis: Fortress, 1994); Longman III T., *The Song of Songs* (Grand Rapids: Eerdman, 2001); Murphy R. E., *The Song of Songs* (Minneapolis:

Fortress, 1990); Pope M. H., *The Song of Songs* (New York: Doubleday, 1977); Weems R. J., "The Song of Songs," *The New Interpreter's Bible* Vol. 5. (Nashville: Abingdon Press, 1997), pp. 361-434 등을 주로 참고하였음을 밝힌다. 또한 본문에 대한 이해를 돕기 위하여 많은 사진을 첨가하였는데 특히 아가서와 같은 사랑의 노래가 있는 고대 근동, 특히 이집트의 벽화에서 많은 자료를 첨가하였다.

　마지막으로 이 책의 색인을 만들어준 신우철, 조확기, 김성민, 권준모 군에게 고마움을 전한다. 졸고를 아름다운 작품으로 만들어준 하늘기획의 편집부와 출판을 허락하신 사장님께 고마움을 전한다.

2009년 3월 고난주일에

김영진

제3부   결론

약어표

ABD	*Anchor Bible Dictionary*, 6 Vols, New York, 1992
ANET	J. B. Pritchard (ed.), *Ancient Near Eastern Texts Relating to the Old Testament*, 3rd Edition, Princeton, 1969
BA	*Biblical Archaeologist*, Philadelphia
BAR	*Biblical Archaeology Review*. Washington, DC
BASOR	*Bulletin of the American Schools of Oriental Research*, Philadelphia
BZ	*Biblische Zeitschrift*, Paderborn
CAD	*The Assyrian Dictionary of the Oriental Institute of the University of Chicago*, Chicago: The Oriental Institute
CBQ	*Catholic Biblical Quarterly*, Washington, DC
CS	W. W. Hallo and K. L. Younger, Jr., *The Context of Scripture Volume I: Canonical Compositions from the Biblical World; Volume II: Monumental Inscriptions from the Biblical World; Volume III: Archival Documents from the Biblical World*, Leiden: E · J Brill, 1995, 2000, 2002
DCH	D. J. A. Clines (ed.), *The Dictionary of Classical Hebrew*,

Sheffield: Sheffield Academic Press, 1993-

EI *Eretz Israel*, Jerusalem

Enc.Miqr (אנציקלופידיה מקראית *Encyclopaedia Biblica*), Jerusalem, 1950-1988 (Hebrew)

HALOT L. Koehler and W. Baumgartner, *The Hebrew and Aramaic Lexicon of the Old Testament*, 5 Vols., Leiden, 1994-2000

HSS *Harvard Semitic Studies*, Atlanta, GA

IEJ *Israel Exploration Journal*, Jerusalem

IOS *Israel Oriental Studies*, Tel-Aviv

JAOS *Journal of the American Oriental Society*, New Haven, CT

JBL *Journal of Biblical Literature*, Atlanta, GA

JCS *Journal of Cuneiform Studies*, New Haven

JNES *Journal of Near Eastern Studies*, Chicago

JPOS *Journal of the Palestine Oriental Society*, Jerusalem

JSOT *Journal for the Study of the Old Testament*, Sheffield

Jud *Judaism: A Quarterly Journal of Jewish Life and Thought*, New York

Judaica   *Encyclopedia Judaica*, 17 Vols, Jerusalem, 1971

KAI   *H. Donner and W. Röllig, Kanaanäische und aramäische Inscriften*, 3 Vols, Wiesbaden, 1962

LXX   Septuagint

NAB   *The New American Bible*, New York, 1970

NICO   The New International Commentary on the Old Testament

NJB   *The New Jerusalem Bible*, New York, 1985

NKJV   *The Holy Bible, New King James Version*, New York, 1982

NRSV   *The Holy Bible, New Revised Standard Version*, Oxford, 1989

OTL   Old Testament Library

PEQ   *Palestine Exploration Quarterly*, London

PRU   *Le Palais royal d'Ugarit*, Paris

RB   *Revue Biblique*, Paris

REB   *The Revised English Bible*, Oxford, 1989

SJB   *Tanakh - The Holy Scriptures*, The Standard Jewish Bible for the English speaking world, Philadelphia, 1988

SJT	*Scottish Journal of Theology*, Princeton and New Haven, 1948
UT	C. H. Gordon, *Ugarit Text*, Rome, 1965
VT	*Vetus Testamentum*, Leiden
WBC	Word Biblical Commentary
ZAW	*Zeitschrift für die alttestamentliche Wissenschaft*, Berlin

제1부

개론적 이해

아가서는 어떤 책인가?

아가서는 성문서 가운데 하나이며, 유대인들의 종교절기에 읽히는 다섯 두루마리 가운데 두 번째 책이다. 아가서는 히브리어로 **쉬르 하-쉬림**(שיר השירים)이라고 불리며, 이것을 라틴어로는 칸티쿰 칸티코룸(*Canticum Canticorum*)이라고 부른다. 이것을 영어로 Canticle of Canticles이라고 번역하였다. 오늘날에는 히브리어 명칭인 **쉬르 하-쉬림**(שיר השירים)을 문자적으로 번역한 'Song of songs' 이라는 명칭을 많이 사용한다.

히브리어 명칭인 쉬르 하-쉬림이라는 표현은 최상급을 나타내는 히브리어 기교로서 '최고의 노래들' 혹은 '가장 아름다운 노래' 란 뜻이다.[1] 특히 아가서를 지칭하는 히브리어 명칭이 **쉬르**(שיר)인 것은 이 노래가 서사시이며 종교적인 노래가 아니기 때문이다. 일반적으

---

1) T. Longman III, *Song of Songs*, NICO, (Grand Rapids: Eerdmans, 2001), p. 1; R. E. Murphy, *The Song of Songs*, Hermeneia, (Philadelphia: Fortress, 1996), pp. 3, 119-122

로 히브리어에서 종교적인 노래는 주로 **미즈모르**(מזמור)라고 부른다.

아가서는 하나님에 대한 언급이 없기 때문에 이 책이 정경으로 받아들여진 것에 대해 많은 의문이 제기되고 있지만 랍비 전통에 의하면 얌니아 회의(council of Jamnia)에서 아가서가 정경으로 채택되었다.[2] 아가서의 계절적 배경은 새로운 생명의 탄생과 식물이 자라는 봄철로 보인다. 그러기에 아가서는 유월절 마지막 날인 제8일에 읽혀진다.[3]

아가서는 8장 117절로 구성되어 있다. 아가서의 정경적인 위치는 우리말 성경에서는 전도서 다음에 놓여있지만 히브리어 성경에서는 아가서가 전도서보다 앞에 놓여 있다.

아가서의 저자는 누구인가?

아가서의 저자가 누군가 하는 것은 대답하기 가장 어려운 질문이다. 이것은 아가서가 통일성 있는 책인가 그렇지 않으면 다양한 노래를 모아놓은 책인가 하는, 책의 성격에 대한 규명과 밀접한 관련이 있다. 많은 주석가들은 아가서가 원래 서로 관계없는 사랑의 노래를 모

---

2) M.H. Poppe, *Song of Songs: A New Translation with Introduction and Commentary*, AB, (New York: Doubleday, 1977), p. 19.

3) R. S. Hess, *Song of Songs*, (Grand Rapids: Baker Academic, 2005), p. 18.

아놓은 것이라고 주장한다.[4] 반면에 엑숨(J. C. Exum)은 아가서의 문학적인 통일성을 주장한다.[5] 그러나 아가서가 문학적인 통일성 및 구조적인 통일성을 나타내기는 하지만 그렇다고 이것을 한 저자의 작품으로만 이해할 수는 없다. 후대의 편집자가 이러한 통일성을 유지시킬 수 있기 때문이다.[6] 어떤 학자들은 아가서가 전통적인 노래를 바탕으로 한 저자가 지은 것이라고 주장하는 반면, 다른 학자들은 이전부터 존재하던 노래들이 한 명의 편집자에 의하여 편집된 것이라고 주장한다.

아가서의 저자가 누구인가에 대한 대답은 다른 성경의 저자에 관한 질문처럼 쉽게 대답할 수 없다. 그러나 전통적인 입장에서는 솔로몬이 아가서의 저자라고 생각한다. 이처럼 아가서의 저자를 솔로몬으로 생각하는 것은 아가서 1:1의 솔로몬의 아가라(쉬르 하-쉬림 아쉐르 리 슐로모, שיר השירים אשר לשלמה)라는 구절 때문이다(1:5, 3:7, 9, 11, 8:11, 12). 또한 열왕기상 4:32에서 솔로몬이 노래 천다섯 편과 잠언 삼천을 지었다는 기록과 무관하지 않다.

그러나 이러한 솔로몬 저작을 주장하는 데는 몇 가지 문제가 있다.

---

4) M. Pope, *The Song of Songs*, AB, (Garden City: Anchor, 1977), p. 54; W. H. Shea, "The Chiastic Structure of the Song of Songs," *ZAW* 92 (1984), pp. 378-396.

5) J. C. Exum, "A Literary and Structural Analysis of the Song of Songs," *ZAW* 8 (1973), pp. 47-79; R. E. Murphy, *The Song of Songs*, pp. 65-66.

6) R. E. Murphy, *The Song of Songs*, p. 3.

솔로몬이 한 번도 화자(話者)로 등장하지 않고 오히려 아가서의 화자는 남자, 여자 혹은 예루살렘의 딸이라는 익명성을 띠고 있다. 뿐만 아니라 예루살렘의 딸들은 3인칭으로 묘사되어 있다. 게다가 아가 3:6-11과 8:5-14은 전체 아가서와 완전히 분리될 수 있다. 아가서가 한 사람에 의한 작품으로 보기에는 어렵다는 것이다.

따라서 아가서는 여러 세기 동안 흩어져 있던 여러 시들을 모아서 마지막 편집자가 전체적인 통일성을 유지시켜 오늘날의 아가서 형태를 갖추게 되었다고 보는 것이 바람직한 것 같다. 현재 아가서는 전체적인 문학적 스타일이나 파토스는 단순한 모음집이 아니라 하나의 통일성을 갖춘 작품을 이루고 있다.[7] 이렇게 이해할 때 아가서 1:1의 히브리어 **리슐로모**(לשלמה)는 솔로몬의 저작을 나타내는 '솔로몬의'(by Solomon)의 의미가 아니라 '솔로몬을 위한'(for Solomon) 혹은 '솔로몬에게 헌정되는'(dedicate to Solomon)의 의미를 갖는다.

전도서 1:1의 **아쉐르 리슐로모**(אשר לשלמה)를 '솔로몬에 관한 노래'라고 이해할 경우 아가서의 저자는 솔로몬이 아니라 솔로몬에 관하여 노래한 유다 왕 가운데 한 사람일 수 있다.

또 다른 가능성은 전도서의 익명의 저자가 자신을 마치 솔로몬 왕으로 이해해주기를 바라던 것처럼 아가서의 익명의 저자도 자신을 솔로몬처럼 지혜와 부와 능력이 뛰어난 자로 이해해주기를 바라는

---

7) R. E. Murphy, *The Song of Songs*, p. 3.

마음에서 솔로몬을 아가서의 저자처럼 기록한 것일 수 있다. 이 경우 솔로몬은 아가서의 익명의 저자가 만들어낸 저자이다. [8]

아가서가 룻기서, 에스더서와 같이 여성의 역할이 강조되기 때문에 여성이 저자라는 주장이 제기되기도 한다. 브레너(A. Brenner)는 아가서 가운데 53%가 여성의 말이며, 단지 34%만 남성의 말로 구성되어 있음을 밝혔다. [9]

아가서는 언제 기록되었는가?

아가서의 저자를 위에서 밝혔듯이 여러 세기 동안 흩어져 있던 시들을 후대에 편집한 것이라고 말할 때, 아가서의 저작 시기는 언제인가? 이 질문은 아가서의 저자가 누구냐와 밀접한 관련을 맺고 있을 뿐만 아니라 다음 세 가지 사항을 고려해야 한다. 즉 아가서와 솔로몬 혹은 솔로몬 시대와의 관련성, 아가서에 등장하는 지명에 대한 고려 그리고 아가서의 언어적 특징 등이다.

아가서 1:1의 기록뿐만 아니라 아가서에서 인간의 아름다움을 추

8) M. V. Fox, *Ecclesiastes*, The JPS Bible Commentary, (Philadelphia: Jewish Publish Society, 2004), p. x; 김영진, 『삶의 의미를 찾아서: 전도서 주석』, (서울: 이레서원, 2008), p. 17.
9) A. Brenner, *The Israelite Woman: Social Role and Literary Type in Biblical Narrative*, (Sheffied : JSOT Press, 1985), pp. 46-56; idem, "Women Poets and Authors," *A Feminine Companion to the Song of Songs*, ed. A. Brenner, (Sheffied : JSOT Press), p. 88.

구하고 노래하는 것은 솔로몬 시대 때 이집트의 영향을 받은 그 시대만의 독특한 문화적 특징이라고 주장하는 학자가 있다. [10] 게르레만 (G. Gerleman)은 아가서 저자가 이집트의 벽화 예술에 매우 친숙해 보인다고 주장한다. 또한 아가서에 등장하는 지명인 레바논 (Lebanon)(6:5), 헤르몬(Hermon) 그리고 아마나(Amana) 등은 이스라엘의 영토가 가장 크게 확장되었을 때인 솔로몬 시대를 추정하여 주장한다. [11] 따라서 이들은 미드라쉬 라바(Midrash Rabbah)의 기록을 따라 솔로몬이 젊었을 때, 즉 성적인 에너지가 최절정일 때 지었다고 주장한다. [12] 시갈(M.H. Segal)은 아가서가 솔로몬의 작품이 아닐지라도 솔로몬과 밀접하게 관련되어 있을 뿐만 아니라 시 전체 내용이나 분위기 그리고 부와 화려함 등이 솔로몬 시대의 분위기를 나타낸다고 주장하였다. [13] 만약 아가서의 저자가 솔로몬이라면 아가서의 저작 연대는 주전 10세기경일 것이다.

또 어떤 학자들은 아가 6:4에 기록된 디르사(Tirzah)를 근거로 아가

10) G. Gerleman, *Ruth, Das Hohelied*, (Neukirchen-Vluyn: Neukirchener, 1965), pp. 76-77. 그러나 이러한 게르레만의 주장을 뒷받침할 만한 성경적 근거를 찾을 수 없다.

11) S. D. Goitein, "The Song of Songs: A Female Composition," pp. 58-66, esp. 63. 미드라쉬 라바 (Midrash Rabbah)에서는 솔로몬이 아가서, 잠언 그리고 전도서 등 세 권을 지었다고 기록하고 있다. 특히 이 세 권은 솔로몬이 성장함에 따라 각기 그 연령에 적당한 책을 지은 것이라고 한다. '젊었을 때에는 노래를 지었고(아가서), 늙어감에 따라서 근언이나 격언을 지었고(잠언), 나중에 늙어서는 모든 것의 허무함에 관하여 지었다(전도서)' 고 말한다.

12) T. Longman III, *Song of Songs*, NICO, (Grand Rapids: Eerdmans, 2001), p. 3.

13) M.H. Poppe, *Song of Songs*, p. 23.

는 디르사가 번성했을 때 기록되었다고 주장한다. 이러한 주장을 받아들인다면 아가서는 북이스라엘의 사마리아가 건축되기 전인 주전 9세기 중엽 이전에 기록되었다는 뜻이다.[14] 비테퀸트(W. Wittekindt)는 아가서를 풍요를 위한 제의에서 불렸던 전례문으로 이해하였으며, 그 시기를 므낫세 왕 때인 주전 7세기 초반의 것으로 여겼다.[15]

아가서의 언어적인 연구를 통하여 아가서의 저작 시기를 추정하는 것 역시 쉬운 일이 아니다. 아가서와 우가릿 문헌 사이의 단어, 문법 그리고 문학적 특성이 유사함을 주장하는 학자들은 아가서의 저작 시기를 매우 이른 시기로 추정하며, 아무리 늦어도 포로기 이전 시대로 보고 있다.[16]

그러나 아가서의 언어적 특징이 아람화와 되어 있고 많은 외래어를 빈번히 빌어 사용한다는 점에 주의하여 아가서의 저작 혹은 마지막 편집 시기를 포로기 이후 시대, 좀 더 구체적으로 주전 4-3세기경에 편집되었을 것으로 보는 게 옳다.[17] 후기 히브리어의 특징인 아람화 현상이 발견될 뿐만 아니라[18] 관계대명사 쉐(שׁ)의 사용이 아가서

14) R. Gordis, *The Song of Songs and Lamentations: A Study, Modern Translation and Commentary*, (New York: Ktav, 1974), p. 23.

15) W. Wittekindt, *Das Hohelied und seine Beziehungen zum Istarkult*, 1926. 재인용 M.H. Poppe, *Song of Songs*, p. 24.

16) W. F. Albright, "Archaic Survivals in the Text of Canticles," *Hebrew and Semitic Studies Presented to Godfrey Rolles Driver*, eds. D. W. Thomas and W. D. McHardy, (Oxford: Clarendon, 1963), pp. 1-7.

17) 그레츠(H. Graetz)는 아가서에 아람어 및 신 히브리 사상, 페르시아어의 요소 및 그리스어 요소, 그

가 후기 히브리어로 기록되었음을 보여주기 때문이다. 또한 페르시아어나 그리스어에서 차용한 외래어들도 많이 발견할 수 있다. 4:13의 '동산'을 뜻하는 히브리어 **파르데스**(פרדס)는 페르시아어에서 차용되었으며, 3:9의 '가마'를 뜻하는 히브리어 **아프리온**(אפריון)은 산스크리트어가 그리스어로 전래된 그리스어 **포레이온**(Πωρειον)에서 유래된 것으로 보인다. 그 외에도 4:13의 '고멜화'를 뜻하는 **코페르**(כפר, henna)는 후기 히브리어의 특징을 잘 보여준다. 따라서 디 파울라 페르도(De Paula Perdo)와 나카노스(Nakanos)는 아가서의 사회문화적 배경을 에스라-느헤미야 시대라고 주장한다.

더욱이 아가서의 사상적인 측면에서 탈신성화의 경향은 비교적 포로기 이후 성경문학에서 등장하는 것이다. 뿐만 아니라 이스라엘과 주변 국가와의 무역교역의 상황을 반영하고 있는 것 등을 보면 아가서가 포로기 이후의 상황을 반영하고 있다고 할 수 있다.

따라서 아가서의 일부 노래는 오랜 전통을 가지고 있음에 틀림없지만 아가서의 전체적인 언어와 형태는 주전 4-3세기경에 편집되었다고 할 수 있을 것이다.

리스 습관과 태도 그리고 그리스 시와 유사점 등을 근거르 아가서의 연대를 주전 230-218년 사이에 기록된 것으로 보았다. M.H. Poppe, *Song of Songs*, p. 25.
18) 로버트는 아가서에 나타나는 아람어화 된 표현 17개를 제시한다. A. Robert, *Le Candique des Cantiques*, (Paris: J. Gabalda, 1963), p. 21.

아가서의 문학적 특징

아가서의 구성

아가서에 대한 문학적 연구에 있어서 가장 중요한 연구는 아가서가 한 저자에 의한 통일성 있는 작품인가 아니면 여러 시를 모아놓은 것인가 하는 것이다. 이에 대하여 대부분의 주석가들은 여러 노래를 모아놓은 것이라는데 이견이 없다.[19] 편집자는 정교한 편집 작업을 통하여 아가서가 여러 개별적인 시들이 모아진 것임을 구별할 수 없게 만들었다. 따라서 히브리어 성경의 아가서는 전체 19개의 시로 구성되어 있다. 일부학자들은 아가서를 더 세분화하기도 한다. 크리네츠키(G. Krinetzki)는 52개의 시로 세분화하고, 킬(O. Keel)은 42개의 시로 세분화하고 있다.[20]

홀스트(F. Horst)는 아가서를 양식비평적으로 연구하여 시들의 유형을 다음과 같이 제시하였다.[21] 찬양시(1:15-17, 7:7-10), 우화시(1:13-14), 묘

---

19) 이러한 주장은 반대하여 포프(M. Pope)는 아가서 전체는 한 명의 저자에 의한 시이며 그렇기 때문에 통일성이 있다고 주장한다. M.H. Pope, *The Song of Songs*, pp. 40-54, esp. 54; O. Keel, *The Song of Songs*, p. 18.

20) O. Keel, The Song of Songs, p. 18.

21) 그러나 포프는 이러한 분류에 대하여 의문을 제시한다. F. Horst, "Die Formen des althebräischen Liebesliedes," *Gottes Recht: Studien zum Recht im Alten Testament*, (Munich: C. Kaiser, 1961), pp. 176-187; M. Pope, *The Song of Songs*, pp. 66-69.

사적 시(4:1-7, 아랍어로 된 *Wazf*시),**22)** 욕망시(2:14), 경험을 묘사하는 시(3:1-4), 자기소개의 시(1:5-6, 8:8-10), 자찬의 시(6:8-9, 8:11-12), 야유의 시(1:7-8) 등 여기에 크리네츠키는 청원시(2:7, 3:5, 8:4), 기쁨을 부르는 시(3:10e-11, 5:1), 그리고 편집자가 지은 시인 대화시(4:16-5:1) 등을 첨가하였다.**23)**

아가서의 문학적 기교

전체적인 시의 분위기는 연인과의 만남을 갈망하는 시이다. 아가서는 시의 간결함을 유지하기 위하여 많은 생략법이 사용되었다. 두 여인의 대화에 제3자가 가끔 개입하는 방식으로 기록되었다. 아가서는 간결함, 평행법, 연상법 그리고 이차적인 시적 장치와 같은 히브리어 시의 다양한 기법이 사용되었다.

아가서의 간결함은 각 시의 구(colon)가 중요한 세 단어로 구성되었다는 것에서 잘 알 수 있다. 뿐만 아니라 평행을 이루는 두 번째 구는 첫 번째 구보다 항상 짧다. 왜냐하면 두 번째 구에서는 첫 번째 구에서 언급된 내용이 생략되기 때문이다. 아가서 8:6a를 예로 들면 첫 번째 구는 세 단어로 구성되어 있지만 두 번째 구는 두 단어로 구성

---

22) waṣf시란 아랍어로 된 사랑의 노래로 남녀의 육체적 아름다움을 노래하는 특징이 있다. 아랍어로 waṣf는 '묘사'(description)란 뜻을 가지고 있다.

23) G. Krinetzki, *Kommentar zum Hohenlied: Bildsprache und theologische Botschaft*, (Frankfurt am Main and Berlin: Peter D. Lang, 1981) 재인용- O. Keel, *Song of Songs*, p. 19.

되어 있기에 첫 번째 구에 사용되던 동사(שׂים)가 생략되었다.

שִׂימֵנִי כַחוֹתָם עַל־לִבֶּךָ כַּחוֹתָם עַל־זְרוֹעֶךָ

시메니 카호탐 알레브카 카호탐 알–제로아카

너는 나를 도장같이 마음에 품고 도장같이 팔에 두라(8:6a)

또한 히브리어 시에서는 간결함을 유지하기 위해서 관계대명사를 생략하는 경우가 많다. 아가서는 히브리어 시의 반복적 성격을 갖고 있는 평행법을 많이 사용하고 있다. 대표적인 예는 아가서 5:2c에서 찾아볼 수 있다. 5:2c절은 두 구로 구성된 구절로서 동의적 평행법으로 구성되어 있다.

שֶׁרֹאשִׁי נִמְלָא־טָל קְוֻצּוֹתַי רְסִיסֵי לָיְלָה

쉬로쉬 니므라–탈 쿠쪼타이 레시쉐이 라옐라

내 머리에는 이슬이, 내 머리털에는 밤이슬이 가득하였다(5:2c)

아가서의 세 번째 특징은 연상과 많은 수식적 언어가 사용되었다는 점이다.

시인은 아가서의 언어를 자연, 농촌 그리고 도시에서 찾아내 사용하였다. 예루살렘 성 안에서의 삶에 관한 묘사(3:2-4, 5:4-8), 성과 왕실에 관한 묘사(3:4, 8:10, 6:8, 1:12-1), 농촌에서의 삶(1:5-7), 식물 및 농산물 그리고 향품에 관한 언급(4:7-16, 5:10-16 등), 언어유희, 동음이의(同音異義)를 쓴 말장난, 반복(2:7, 3:5, 8:4), 비유법(1:3 쏟는 향기름=네 이름, 1:15 네 눈=비둘기, 2:1 나=샤론의 수선화, 골짜기의 백합화, 5:13 입술=백합화), 직유법, 은유법(5:11 까마귀=검정, 5:14 다리=화반석 기둥, 1:5 게달의 장막=솔로몬의 휘장, 4:1 머리털=염소 떼), 두 연인 사이의 관계에 초점이 맞추어진 부드러운 말 등을 사용하였다. 아가서의 가장 두드러진 문학적 특징은 서로 다른 분위기와 영역 가운데서 나타나는 긴장이다. 아가서의 시는 찬양에서 탄원으로, 희롱조에서 폭력으로, 3인칭에서 2인칭으로 반복적으로 옮겨가면서 역동적 분위기를 만든다. 그리고 사랑하는 연인의 신체를 자세히 묘사하는 아랍의 와쯔프(waṣf)시의 형태를 띤다.

아가서의 장르

19세기부터 어떤 학자들은 아가서의 대화체 때문에 드라마 대본으로 이해하는 경우가 많아졌다. 이들은 솔로몬과 술람미 여인이 주인공인 드라마라고 이해하기도 하며, 여인과 그 여인의 순진한 연인 그리고 솔로몬 등 세 사람이 주인공이라고 해석하기도 한다. 그러나 이러한 드라마는 고대 근동의 셈어 문학작품 속에서는 발견되지 않는다는 문제가 있다. 이와 반대로 아가서의 성격을 참고할 때 결혼식에서 사용되는 여러 시들을 모아서 구성했다는 설명이 가장 설득력 있다.

아가서는 구약의 어떤 성경문학과 달리 구성이 결여되어 있다. 따라서 아가서를 드라마(극)로 이해하기는 어렵다. 뿐만 아니라 등장인물이 모두 익명으로 구성되어 있기 때문에 에발트(H. Ewald)는 아가서를 소프 오페라(Soap Opera)로 이해한다.[24] 그러나 이처럼 아가서를 드라마 혹은 극으로 부류하는 데 있어서 생기는 문제점은 고대 근동이나 고대 이스라엘에서 드라마라는 장르가 발견되지 않는다는 점이다. 드라마 장르는 그리스 문학에서 발견된다.[25]

아가서를 결혼노래로 분류하는 것은 아가서를 가극 대본(libretto)으로 이해하는 것이다. 이러한 주장은 부데(K. Budde)와 뷔르트바인(E. Würthwein)이 지지하였다. 부데는 아가서를 팔레스틴-이스라엘 결혼책이라고 부르고, 뷔르트바인도 아가서를 이스라엘 결혼책으로 이해한다. 이러한 주장의 문제점은 아가서가 이 목적을 위하여 기록되었다는 증거가 없다는 점이다.[26] 단지 아가서에는 신부에 대한 언급이 3:11, 4:8-12 그리고 5:1에만 등장한다. 따라서 아가서는 단순한

24) H. Ewald, *Das Hehe Lied Salomos übersetzt und mit Einleitung, Anmerkungen und einem Anhang* (Göttingen, 1826) 재인용 R.E. Murphy, The Song of Songs, p. 58. 소프 오페라란 낮 시간에 주부들을 상대로 방송되는 연속 멜로드라마를 뜻한다.
25) R. E. Murphy, *The Song of Songs*, p. 58.
26) R. E. Murphy, *The Song of Songs*, pp. 58-59.

사랑의 노래(love poem)로 이해하는 것이 좋다.

비테퀸트는 아가서에 나타나는 성혼 개념을 근거로 아가서를 가나안의 풍요 제의에서 사용된 전례문이라고 주장한다.[27]

아가서의 언어

아가서는 시편 45편과 유사하지만 시의 구성적인 측면에서는 각기 다르다. 유사한 사랑노래이지만 시편 45편은 아가서처럼 연인의 대화가 없으며, 연인 사이의 기쁨과 갈망함 같은 것도 나타나지 않는다.

아가서는 구약성경의 어떤 책보다 자연에 대한 언급이 많다. 나무들, 열매들, 꽃, 향품에 대한 언급(1:17, 2:1-3, 13, 15, 4:13-14, 5:13, 6:2-3, 11, 7:8, 7:12-13), 새와 짐승에 대한 언급(1:9, 15, 2:9, 12, 17, 4:1-2, 5, 8, 5:11-12), 돌, 바람, 물에 대한 언급(4:15-16, 5:2, 14-15, 8:7), 시간, 계절, 장소에 대한 언급(1:7, 2:11, 4:6, 5:2, 6:4, 10, 7:4) 또한 눈으로 보는 아름다움(1:10-11, 6:4, 10), 맛의 즐거움(2:3, 4:16, 5:1, 7:9, 8:2), 냄새의 즐거움(1:3, 4:10-11, 7:13), 듣는 즐거움(2:14, 8:13), 만지는 즐거움(5:5, 7:8) 등을 표현하고 있다. 따라서 아가서는 감각적인 언어들이 많이 내포되어 있어 단순히 독자가 읽음으로 간접적으로 느끼기보다는 체험적으로 직접적인 느낌을 나타내

---

27) W. Wittekindt, *Das Hohelied und seine Beziehungen zum Istarkult*, 1926, 재인용 M.H. Poppe, *Song of Songs*, p. 24.

는 감각적인 단어들이 많이 사용되었다.

뿐만 아니라 다양한 문화적 배경을 가진 단어의 사용과 국제무역을 통하여 얻을 수 있는 향품들에 관한 언급 등을 통하여 이국적인 정서를 보여주며, 이를 통하여 독자들은 풍요롭고 호화로운 낙원과 같은 배경을 느끼게 된다. 뿐만 아니라 이러한 단어의 사용을 통하여 거대한 부에 대한 찬양이나 솔로몬의 성공 그리고 솔로몬의 교역 행위 등을 노래하고 있다.[28]

아가서의 내용

시로 구성된 아가서를 정확히 구분하는 것은 쉽지 않다. 시는 논리성이 결여되어 있을 뿐 아니라 요약하기도 매우 어렵다. 단지 아가서는 다양한 사랑의 분위기를 전하고 있을 뿐이다. 사랑이나 신의를 단언하고, 구애를 회상하고, 다른 사람의 아름다움을 묘사한다. 상호사랑의 분위기가 유지되는데 8:6-7에서는 절정을 이룬다.

28) S. Malena, "Spice Roots in the Song of Songs," *Milk and Honey: Essays on Ancient Israel and the Bible in Appreciation of the Judaic Studies Program at the University of California, San Diego*, S. Malena and D. Miano eds., (Winona Lake, Indiana: Eisenbrauns, 2007), pp. 165-184, esp. 165-171.

"너는 나를 도장같이 마음에 품고 도장같이 팔에 두라 사랑은 죽음같이 강하고 질투는 스올같이 잔인하며 불길같이 일어나니 그 기세가 여호와의 불과 같으니라 많은 물도 이 사랑을 끄지 못하겠고 홍수라도 삼키지 못하나니 사람이 그의 온 가산을 다 주고 사랑과 바꾸려 할지라도 오히려 멸시를 받으리라"(아 8:6-7).

사랑에 대한 이미지는 산양과 암사슴, 석류와 맨드레이크, 우슬초와 향, 포도원과 포도 등과 같이 매우 다양하다.

또한 아가서는 게달(Gedar), 레바논, 엔게디(Engedi), 북쪽 이스라엘 지역(2:1, 3:9, 4:8, 6:4, 7:5-6), 요단동편 지역(4:1), 그리고 유다 지역(1:14, 3:5) 등 지리에 관하여 매우 풍부하게 언급되어 있다.

아가서의 구조에 대하여 학자들의 견해는 다양하다. 케슬러(Kessler)의 4중 구조로부터 고디스(R. Gordis)의 28중 구조에 이르기까지 다양한 견해가 제시되었다.[29] 도르시(D. A. Dorsey)는 아가서를 다음과 같이 7중 구조로 분석하였다.

두 연인의 상호사랑과 열망의 고백으로 시작(1:2-2:7)

청년이 젊은 여인을 초청함(2:8-17)

젊은 여인이 밤에 청년을 찾음(3:1-5)

---

29) 이에 관하여 D. A. Dorsey, *The Literary Structure of the Old Testament: A Commentary on Genesis-Malachi*, (Michigan: Baker Books, 1999), p. 199, note 1을 참고하시오.

두 연인의 결혼식 날(3:6-5:1)

젊은 여인이 밤에 청년을 찾음(5:2-7:11)

젊은 여인이 청년을 초청함(7:12-8:4)

두 연인의 상호사랑과 열망에 대한 고백으로 마침(8:5-14)

이러한 구조를 통하여 사랑의 상호성을 강조하고 있다.[30]

아가서는 어떻게 해석해야 하는가?

인간의 사랑이야기가 어떻게 경전에 속하게 되었는가 하는 논쟁과 함께 아가서를 어떻게 이해하고 해석할 것인가 하는 것도 매우 난해한 문제이다. 아가서의 구조가 매우 복잡하고 난해하듯이 어떻게 해석할 것인가 하는 것도 매우 어렵다. 아가서에 대한 해석의 전통은 크게 우화적(寓話的) 해석, 제의적-신화적 해석, 드라마적 해석 그리고 축자적인 해석 등 네 가지이다.

기독교와 유대교의 전통에서는 아가서를 종교적으로 해석하였다. 즉 아가서를 하나님과 이스라엘 사이의 사랑으로 이해하였다. 이러한 이해는 이미 호세아(1-3장)와 여러 예언서에서도 발견된다(사 1:21-22,

---

30) D. A. Dorsey, *The Literary Structure of the Old Testament*, pp. 200, 213.

62:5; 렘 3:1-10; 겔 16:23). 유대인들의 랍비 전통에 의하면 아가서는 홍해나 혹은 시내반도의 장막에서 하나님께서 이스라엘에게 말씀하시는 것으로 여겨진다. 따라서 아가서의 남자는 하나님을 나타내며, 여자는 하나님에 대한 이스라엘의 찬양으로 이해하였다.

무엇보다 아가서를 해석하는 몇 가지 경향이 있다. 종교사학파들은 아가서를 이방의 풍요제의에서 유래된 제의적인 노래로 이해한다. 따라서 이들은 아가서를 고대 근등의 문화적 배경에서 분석한다. 이러한 입장을 제의적-신화적 해석이라고 한다. 이들은 아가서에서 타무즈(Tammuz)와 이쉬타르(Ishtar) 신화의 제의적 노래를 발견한다. 죽은 타무즈를 찾아 나선 이쉬타르의 이야기에서, 이쉬타르는 궁극적으로 저승에서 자신의 연인인 타무즈를 찾아 결혼한다는 내용이다. 결국 이들의 성혼(*hieros gamos*, 聖婚)으로 새해에 자연의 풍요와 다산을 촉진한다고 생각하였다. 이러한 성적(性的)인 결합은 더 이상 성 자체의 문제가 아니라 종교적인 목적을 위한 것이다. 고대 근동에서 이런 성혼이야기는 수메르어로 기록된 두무지(Dumuzi)-인안나(Inanna) 사랑이야기와 고대 가나안의 바알(Baal)과 아낫(Anath) 사랑이야기가 있다. 이러한 입장은 미크(T.Meek), 할러(M.Haller), 링그렌(H.Ringgren) 등이 지지한다.[31] 이들은 아가서가 므낫세 통치 때에 성전

---

31) M.H. Poppe, *Song of Songs*, pp. 145-153.

에서 불렸으며, 후대에 유월절 의식에 포함되었다고 생각한다. 그러나 이스라엘 사람들이 이런 이방 기원의 노래를 자신들의 경전에 포함하였다는 가정은 설득력이 없어 보인다. 따라서 머피(R. E. Murphy)는 아가서와 이방 신화의 노래 사이의 유사점은 이스라엘의 결혼에 관한 묘사와 사랑노래에 관한 공통의 믿음이 영향을 끼쳐서 생겨난 것이라고 주장한다.[32]

일군의 학자들은 아가서를 우화나 비유로 이해하고자 한다 (allegorical interpretation). 우화적 해석은 아가서 해석의 가장 오래된 방법이다. 이러한 우화적 해석은 아가서가 가지고 있는 관능적인 연가가 주는 당혹감을 해소하기에 적합하다. 그리하여 아가서에 등장하는 두 남녀의 관계를 역사적으로 이해한다. 역사적 이해는 바벨론 포로에서 돌아온 백성들과 하나님과의 만남 혹은 그리스도와 교회의 만남, 심지어는 하나님과 다른 민족과의 만남으로 이해한다. 구약성경에서 하나님과 이스라엘의 관계를 인간의 사랑으로 은유적으로 묘사하는 것은 예언문학에서 발견할 수 있다. 이사야 54:4-8, 예레미야 2:1-2, 에스겔 16장과 23장 그리고 호세아 1-3장이 대표적인 예이다. 이러한 은유적 표현에 대한 우화적 해석을 할 경우 두 연인의 긴밀하고 관능적인 사랑이 묘사되면 될수록 하나님과 이스라엘의 친

---

32) R. E. Murphy, "Recent Literature on the Canticle," *CBQ* 16 (1954), pp. 1-11.

밀한 관계를 나타내는 것으로 해석할 수 있다. 따라서 이러한 관점에서 아가서를 해석할 경우에는 아가서에 묘사되어 있는 관능적인 묘사는 당연한 것으로 받아들일 수 있다.

버지(D. Buzy)는 아가서가 인간의 결혼을 가장하여 계약을 다루고 있다고 주장한다. 반면에 다른 학자들은 아가서를 비유로 이해하여 하나님께서 이스라엘을 다루시는 다양한 시각을 보여주는 것으로 이해한다.

많은 은유적 표현이 나타난다고 해서 아가서를 해석할 때 개별 단어마다 은유적 의미만을 찾으려고 해서는 안 된다. 오히려 아가서 언어의 연상법을 유지하면서 너무 특별한 해석이 아니라 전체적인 윤곽을 유지하려고 노력해야 한다.[33] 아가서는 자유로운 사랑을 선언하는 것이 아니라 결혼관계 속에서의 사랑을 언급하고 있다. 아가서는 독자들에게 호색적인 탐색의 기쁨을 주는 것이 아니며 성의 지침서도 아니다. 그 대신 관능적 사랑의 참임을 갖게 한다.

극적인 해석은 장면과 상황의 변화 그리고 제삼자들을 포함한 연인들이 서로 주고받는 대창(對唱)을 근거로 아가서를 일종의 연애극의 대본으로 이해하는 것이다. 이러한 해석은 아가서의 성적인 현실을 그대로 받아들이게 한다. 따라서 이들은 아가서를 성 그 자체보다

---

33) R. S. Hess, *Song of Songs*, Baker Academic, 2005, p. 34.

는 사랑에의 충실과 성실에 관심을 갖고 있는 솔직 담백한 사랑의 묘사로 이해한다.

축자적 해석은 오늘날 아랍인들의 연애 또는 결혼노래에서 출발하여 아가서가 쓰인 그 시대의 현실적인 사랑노래들의 모음으로 이해한다.

아가서의 배경

공간적 배경

아가서는 예루살렘에서 일어난 연인의 사랑을 노래하고 있다. 그러나 아가서 전체에 나타나는 향품 등은 고대 이스라엘이 주변 지역과의 향품 교역을 통한 국제화된 사회의 모습을 나타내고 있다. 따라서 아가서의 공간적 배경이 된 예루살렘은 외국과 빈번한 교류가 있는 국제화된 예루살렘이다.

아가서에 기록된 향품들의 원산지를 살펴보면 주로 아라비아 반도와 아프리카 동부 지역에서 생산되는 것들이다. [34] 아가서 4:14의 나도 (נרד, Nard), 번홍화(כרכם, Saffron), 계수(קנמון, Cinnamon), 침향(אהלות, eaglewood) 등은 모두 고대 근동에서 생산되는 것이 아니라 아라비아 반도 남쪽

34) S. Malena, "Spice Roots in the Song of Songs," pp. 165-184.

지역에서 생산되는 것이다. 이들 네 단어는 히브리어가 아니라 산스크리트어(Sanskrit)이다. 뿐만 아니라 아가서 6:11의 호도(אגוז, walnut), 4:14의 창포(קנה, calamus) 등은 페르시아산으로 알려진 것들이다.[35]

또한 아가서에는 다양한 문화가 혼합된 것을 짐작하게 하는 용어들이 많이 사용되었다. 아가 7:3에는 그리스의 포도주와 물을 섞는 단지인 크라테르(Krater)를 의미하는 **아간**(אגן)이라는 단어가 사용된다. 아가 4:10, 7:6의 보라색을 뜻하는 **아르가만**(ארגמן)은 페니키아 해안 지역에서 생산되는 색을 의미한다. 또한 4:9의 구슬 한 꿰미(ענק, 아낙)는 사사기 8:26에 의하면 미디안 사람들의 낙타 목에 둘렀던 목걸이 장식(아나코트, ענקות)을 뜻한다. 따라서 아가서의 여인은 아라비아의 낙타처럼 목걸이 장식을 한 것을 묘사하고 있으며, 이러한 사실은 국제교역의 흔적을 보여주는 것이다.[36]

또한 7:1(히 7:2)의 숙련공(아만, אמן)과 금을 뜻하는 **케템**(כתם)은 모두 수메르어가 아카드어를 거쳐 가나안으로 전달되어진 용어들이다. 이러한 용어가 고대 근동에 광범위하게 등장한다는 것이 교역을 입증하는 것이다.[37] 이 외에도 가마를 뜻하는 아가 3:9의 히브리어 **아프리온**(אפריון)은 산스크리트어에서 유래된 것으로 추정된다.[38]

35) S. Malena, "Spice Roots in the Song of Songs," p. 167.
36) S. Malena, "Spice Roots in the Song of Songs," p. 169.
37) S. Malena, "Spice Roots in the Song of Songs," p. 169.
38) S. Malena, "Spice Roots in the Song of Songs," p. 170.

이처럼 아가서는 예루살렘을 배경으로 하는 시이지만, 그러나 그 시 속에 함축되어 있는 다양한 문화적 배경을 암시하는 단어나 국제 교역을 암시하는 단어의 사용을 통하여 국제무역이 왕성하던 시대적 배경을 보여주고 있다.

그 외에도 레바논(Lebanon)(6:5), 헤르몬(Hermon) 그리고 아마나(Amana) 등 이스라엘 북쪽 지역 등이 언급되어 있다.

사상적 배경

아가서는 구약성경의 다른 책에서 숨기고 있는 책임적인 인간의 관능적 사랑(erotic love)에 대하여 다루고 있다. 관능적 사랑의 이야기가 성경 안에 포함되어 있다는 사실은 아가서가 불릴 당시 고대 이스라엘이 이미 자유로운 시대정신을 배경으로 가지고 있음을 보여준다. 즉 세속적인 사랑의 노래가 고대 이스라엘 사회에서 중요한 자리를 차지하였던 시대적 배경을 보여준다. 뿐만 아니라 이 시대의 개방성은 이스라엘 사람을 이방적 요소인 게달의 장막(1:5)이나 바로의 병거의 준마(1:9)에 비교하는 것에서 잘 나타난다.

무엇보다도 이러한 경향은 광범위한 범위에서 주변 국가와 교역하고 물자를 교류함에 따라 나타난 개방화의 결과로 이해할 수 있다. 주변 국가와의 빈번한 교역과 이방 물질은 수입 등으로 고대 이스라엘 사회가 점점 더 개방화되었음을 보여준다. 한 예로 여인의 아름다움을 육체적 아름다움으로 묘사하는 것은 고대 근동의 사랑의 노래에서 보편적으로 발견되는 것들이다. 따라서 이러한 영향으로 인간의 육체적 아름다움을 묘사하고 있다.

또 다른 아가서의 사상적 특징은 탈신성화(non-divination)이다. 아가서는 고대 근동의 다른 세계에 있는 관능적 사랑의 신성화를 거부하고, 탈신성화하여 두 책임있는 남녀의 관능적인 사랑을 묘사하고 있다. 이러한 탈신성화의 경향은 구약성경의 다른 곳에서도 찾아 볼 수 있다. 예를 들어 고대 근동의 왕은 신의 아들이거나 대리인인데 구약성경 특히 신명기 사가는 사람의 아들로서의 왕을 강조하기 위하여 왕의 가족을 묘사하는데 있어서 고대 근동세계에서 발견할 수 없는 왕모(王母)에 대하여 언급하고 있다. 아가서 3:11에 — "시온의 딸들아 나와서 솔로몬 왕을 보라 혼인날 마음이 기쁠 때에 그의 어머니가 씌운 왕관이 그 머리에 있구나" — 의하면 왕의 어머니가 왕을 세웠다고 기록하고 있다. 이러한 사실은 구약성경의 전통적인 사고인 여호와께서 이스라엘의 왕을 세웠다는 생각이 탈신성화되어 왕의 어머니가 왕을 세웠다고 기록하고 있다.

이와 함께 아가서에서 여인의 아름다움에 대하여 노래할 때(1:10-11) 여인의 자연적인 아름다움을 노래하던 전통적인 미(美)의 개념이 물질문명과 이방문화의 영향으로 인하여 장식된 여인의 아름다움을 노래하는 것으로 바뀌었다. 따라서 아가서에서는 주어진 아름다움 뿐만 아니라 고쳐진 아름다움을 강조하고 있다. 아가서는 다양한 측면에서 전통적인 고대 이스라엘의 사상의 변화를 내포하고 있다.

아가서의 신학

아가서는 인간의 가장 아름다운 사랑을 나타내는 성적인 노래이면서 동시에 거룩한 노래이다. 왜냐하면 진실된 사랑의 역할은 하나님께서 창조하신 두 피조물이 결합하는 역할을 하기 때문이다.

아가서는 당시 고대 근동의 신성화된 성과 사랑과는 달리 완전히 탈신화화-탈신성화된 사랑, 지극히 인간적인 사랑을 노래함으로써 성에 대해 다른 생각을 가지고 있음을 보여주고 있다. 이러한 점은 구약에서 하나님 이외에는 어떤 것도 신성화할 수 없기 때문에 고대 근동의 유명한 사랑이야기의 주제를 구약성경이 채용할 때, 이야기의 주인공인 남녀 신을 탈신성화하여 묘사하였으며, 고대 근동의 남녀 신의 성혼*(hieros gamos 聖婚)*을 탈신화화하여 남녀의 결혼으로 묘사한 것이다. 따라서 아가서는 지극히 인간적인 사랑을 노래하고 있다.

그러므로 아가서가 구약성경의 경전으로 채택됨으로써 두 가지 목적이 이루어졌다. 즉 하나님이 주시는 풍요는 고대 근동의 신화에서와 같이 신들의 결혼에 의한 것이 아니라 하나님이 창조하신 남녀의 책임 있는 사랑에 의하여 생산됨을 보여준다.

또한 책임 있는 남녀의 사랑의 위대한 힘을 노래하면서, 사랑의 힘이 영원불멸한 것처럼 이스라엘 혹은 인간에 대한 하나님의 사랑의 위대하심을 노래한 것이다. [39]

39) 김영진, 『구약성서읽기』, p. 241.

히브리 시가문학

고대 이스라엘 사람들의 노래는 구약성경의 여러 곳에서 발견된다.[40] 이러한 사실은 고대 이스라엘 사람들이 그들의 삶과 신앙 속에서 노래를 즐겨 불렀기 때문이다. 구약성경에서 시의 형태를 띤 작품은 약 1/3정도 되며, 시가 포함되지 않은 성경은 거의 없다. 구약성경 가운데 시를 모아놓은 시편과 예레미야 애가 그리고 아가서 이외에도 구약성경 전반에 걸쳐 고대 이스라엘 사람들의 노래가 기록되어 있다. 바다의 노래(출 15:1-18), 모세의 노래(신 32:1-43), 드보라의 노래(삿 5:1-31), 한나의 노래(삼상 2:1-10), 다윗이 노래한 구원의 노래(삼하 22:2-51), 감사의 노래(사 12:4-6), 히스기야 왕의 노래(사 38:9-20), 하박국의 기도(합 3:2-19), 물고기 뱃속에서 드린 요나의 기도(욘 2:1-9), 제2이사야 예언서에 들어 있는 찬양시들(42:10-12; 52:9-10), 욥기에 있는 두 개의 찬양시(5:8-16; 9:4-10; 12:7-10; 12:13-25), 탄원시(3:3-12; 13-19; 20-26, 7:1-10, 7:12-21, 9:25-31,

40) 이 부분은 김영진, 『크투빔: 성문서 연구』(서울: 한들출판사, 2007), pp. 45-53을 수정 게재한 것임.

10:1-22) 그리고 예레미야에 나타난 탄원시편(15:15-18, 17:14-18, 18:19-20) 등이다. 이처럼 시는 구약성경에 광범위하게 사용되었다.

산문과 운문을 어떻게 구별하는가?

구약성경에 등장하는 시가문학을 산문과 구분하는 것은 매우 어렵다. 현재 우리가 사용하는 마소라 본문의 저자들은 산문과 구별하기 위하여 운문으로 생각되는 부분에 대하여 약간씩 들여 썼다.

잠언, 시편, 욥기 등에서는 다른 성경본문과 다른 악센트 방식을 채택하여 운문임을 나타낸다. 따라서 이 세 권을 **시프레이 에메트**(שפרי אמת)라고 부른다.

이 외에도 운문임을 나타내는 단어가 사용된 경우에는 시 혹은 운문으로 구별할 수 있다. 운문임을 나타내는데 가장 많이 사용되는 단어는 **쉬르**(שיר)이다. 쉬르는 사사기 5:12에서 단독으로 사용되었으나 대부분은 다른 단어, 특히 상황을 나타내는 단어와 함께 사용되어 시의 종류를 나타낸다. **쉬르 하-마알로트**(שיר המעלות, 시 120-134), **쉬르 예디도트**(שיר ידידות, 시 45:1), **쉬르 하누카트 하-바이트**(שיר חנוכת הבית, 시 30:1), **쉬르 찌온**(שיר ציון, 시 137:3), **쉬르 트힐라**(שיר תהילה, 느 12:46) 등이다. 쉬르의 여성형인 **쉬라**(שירה)는 출애굽기 15:1, 민수기 21:17, 신명기 31:30, 이

사야 5:1 등에서 **쉬르**와 동의어로 사용되었다. 두 번째로 많이 사용되는 시를 나타내는 단어는 **미즈모르**(מזמור)이다(57회). **미즈모르**는 시편 표제어에 많이 등장하며, 경우에 따라서는 **쉬르**와 함께 사용되기도 한다(시 67:1, 68:1). 세 번째 단어는 애가 혹은 탄원을 뜻하는 **키나**(קינה)이다(삼하 1:17, 암 8:10).

그러나 운문임을 나타내는 용어나 특수한 악센트 등이 나타나지 않는 경우에는 학자에 따라서 운문과 산문을 구별하는 방식은 차이가 있고, 서로 다른 구별법을 사용한다.

히브리 시가문학의 특징

히브리어 운문은 나름대로 특징이 있다.[41] 가장 큰 특징은 운문은 간결하고 평행법을 많이 사용하며, 상상력을 동원하게 하는 기품 있는 대화체에 쓰인다. 히브리어 운문은 대체로 한 절이 3-4 단어로 구성된다. 간결함을 유지하기 위하여 때로는 정관사를 생략하거나 목적의 전치사 **에트**(את)을 생략할 뿐만 아니라 관계대명사 **아쉐르**(אשר)를 생략한다. 히브리어 시는 평균 30행 미만으로 구성되어 있

---

41) 히브리 시가문학의 문학적 특징에 대해서는 W.G.E. Watson, *Classical Hebrew Poetry: A Guide to Its Techniques*, (Sheffield, 1995)를 참고하시오.

다.[42]

히브리어 시에는 시적인 효과를 높이기 위하여 다양한 기교를 사용하고 있다. 히브리어 시의 주요한 단위는 줄 혹은 절이며 대부분 두 부분으로 구성되어 있다. 경우에 따라서 세 부분으로 구성되기도 한다. 그러나 대부분 이중구조가 히브리어 시의 특징이다. 2음절(bicola) 시는 대체로 2+2, 3+3 혹은 4+4로 구성된다. 경우에 따라서는 2+3, 3+2, 4+3 혹은 3+4 형식으로 구성되어 있다. 3음절(tricola) 시는 2+2+2, 3+3+3 혹은 4+4+4의 형식으로 구성된다. 경우에 따라서는 3+3+2, 3+2+3 혹은 4+4+3 형식으로 구성된다. 히브리어 시는 기억을 돕거나 혹은 전달하고자 하는 메시지를 전달하기 위하여 다양한 방식의 시적 기법을 사용한다.

평행법

히브리어 시는 이중구조의 평행법(Parallelism)을 많이 사용한다. 평행법이란 언어적, 의미론적, 그리고 문법적 균등을 나타내는 방식이다. 평행법 가운데 의미적 균등을 나타내기 위하여 다음과 같은 다양한 평행법을 채택한다.

첫째, 동의적 평행법(synonymous parallelism)이다. 같은 의미를 갖는 표

42) 시편 119편이 176절로 구성된 것은 연속된 여러 편의 시가 결합된 것이다.

현을 나열하는 방식이다. 이 경우 두 번째 부분은 첫 번째 부분의 반복에 지나지 않는다. 그렇다고 해서 무조건 둘째 부분이 첫째 부분과 동일함을 의미하지는 않는다.

아가서 2:1의 "나는 사론의 수선화요 골짜기의 백합화로다"에서 사론(하샤론, השרון)과 골짜기(에메킴, עמקים) 그리고 수선화(하바젤라, חבצלה)와 백합화(쇼샨나, שושנה)가 서로 평행을 이룬다. 아가서 5:3 역시 동의적 평행법을 발견할 수 있다. "내가 옷을 벗었으니 어찌 다시 입겠으며 내가 발을 씻었으니 어찌 다시 더럽히랴마는"(5:3)에서 '내가 옷을 벗었으니'(파샤트티 에트-쿠탄티, פשטתי את כתנתי)와 '내가 발을 씻었으니'(에이카카 엘바쉐나, איככה אלבשנה)가 서로 평행을 이루며 그리고 '어찌 다시 입겠으며'(라하쯔티 에트-라글라이, רחצתי את רגלי)와 '어찌 다시 더럽히랴'(에이카카 아타느펨, איככר אטנפם)가 서로 평행을 이룬다.

시편 8:3-4의 "주의 손가락으로 만드신 주의 하늘과 주께서 베풀어 두신 달과 별들을 내가 보오니 사람이 무엇이기에 주께서 그를 생각하시며 인자가 무엇이기에 주께서 그를 돌보시나이까 그를 하나님보다 조금 못하게 하시고 영화와 존귀로 관을 씌우셨나이다 주의 손으로 만드신 것을 다스리게 하시고 만물을 그의 발아래 두셨으니"에서 '하늘'(3a절)과 '달과 별들'(3b절), '주의 손가락으로 만드신'(3a절)과 '주께서 베풀어 두신'(3b절) '사람'(4a절)과 '인자'(4b절) 그리고 '주께서 그를 생각하시며'(4a절)와 '주께서 그를 돌보시나이까'(4b절)가

서로 동의적 의미를 갖는 평행법이다. 이러한 예는 시편 6:9, 19:1, 24:1-2, 85:7 등에서도 나타난다.

둘째, 반의적(대조) 평행법(antithetic parallelism)이다. 히브리어 시의 이중구조가 첫 부분과 두 번째 부분이 서로 대비되거나 혹은 반대되는 의미를 갖는 경우이다. 시편 1:6의 "무릇 의인들의 길은 여호와께서 인정하시나 악인들의 길은 망하리로다"에서 '의인'과 '악인' 그리고 '여호와께서 인정하시나'와 '망하리로다'가 서로 대조를 이루고 있다. 또한 시편 25:3의 "주를 바라는 자들은 수치를 당하지 아니하려니와"와 "까닭 없이 속이는 자는 수치를 당하리이다"라는 두 구절은 서로 반대되는 내용으로 전달하려고 하는 내용을 강조하고 있다. [43] 이외에도 시편 127:4이나 37:21 등이 그 예이다.

셋째, 점층적(계단식) 평행법(Steplike or staircase parallelism)이란 첫 줄의 단어가 둘째 줄에 다시 반복되며 나타내고자 하는 의도가 완성된다. 짧은 구의 반복을 통해 생각을 어떤 최고점을 향해 발전시키는 것이다. 즉 둘째 줄에서 첫째의 내용을 발전시켜 두 줄이 어우러져 완전한 뜻을 전달하는 것이다. 이러한 방식은 절정을 이룰 때 많이 사용한다. 시편 103:3의 "저가 네 모든 죄악을 사하시며"와 "네 모든 병을 고치시며"의 두 줄이 서로 합하여 완전한 의미를 전달한다. 이러

---

43) 잠언 10:1의 "지혜로운 아들은 아비를 기쁘게 하거니와 미련한 아들은 어미의 근심이니라"는 전형적인 반의적 평행법이다.

한 예는 시편 29:1과 92:9 등에서 나타난다.

마지막으로 종합적인 평행법(Synthetic parallelism)은 히브리어 시의 이중구조 가운데 처음 부분과 두 번째 부분이 서로 합하여 전달하고자 하는 하나의 의미를 전달하는 경우이다. 대표적인 예는 시편 106:19-20과 106:46 등이다.

시편 106:19-20에서 "그들이 호렙에서 송아지를 만들고 부어 만든 우상을 경배하여 자기 영광을 풀 먹는 소의 형상으로 바꾸었도다" 는 서로 합하여 하나의 의미를 전달하는 예이다.

아크로스틱

히브리어 시는 기억을 쉽게 하거나 혹은 교수법적 목적을 위하여 시의 첫 행을 알파벳의 자음을 따라서 짓는 알파벳 아크로스틱(Acrostic) 기법을 사용한다. 시의 첫 행은 히브리 알파벳의 첫 글자로 시작하고 두 번째 행은 히브리 알파벳의 두 번째 글자로 시작한다. 이렇게 해서 히브리 알파벳 22자가 모두 사용된다. 일반적으로 1행마다 알파벳의 첫 글자를 순서대로 따라 시를 짓는데 경우에 따라서는 3행마다 알파벳 시를 짓기도 한다. 이러한 예는 시편 9-10, 25, 34, 37, 111, 112, 119, 145, 잠언 31:10-31, 애가 1-4장 등에서 발견된다.

수미쌍관법

반복법 가운데 같은 구절이나 문장을 앞과 뒤에 놓아서 강조하는 방법이 있다. 이것을 수미쌍관법(inclusio)이라고 부른다. 아가서 2:8-17에 의하면 8-9절의 "내 사랑하는 자의 목소리로구나 보라 그가 산에서 달리고 작은 산을 빨리 넘어오는구나 **내 사랑하는 자는 노루와도 같고** 어린 사슴과도 같아서 우리 벽 뒤에 서서 창으로 들여다보며 창살틈으로 엿보는구나"가 17절의 "**내 사랑하는 자야** 날이 저물고 그림자가 사라지기 전에 돌아와서 베데르 산의 **노루와 어린 사슴 같을지라**"에서 수미쌍관의 기법으로 기록되어 있다.

시편 103편의 경우 처음과 마지막에 "내 영혼아 여호와를 송축하라"라는 구절이 반복적으로 들어 있는 경우를 말한다(시 8:1, 9). 이처럼 반복하는 경우 (1) 절 전체를 반복하는 경우 (2) 절의 부분을 반복하는 경우 (3) 구를 반복하는 경우 (4) 단어를 반복하는 경우 등이 있다. 그 외에도 시편 104:1, 35절 그리고 시편 8:2, 10 등에서 찾아 볼 수 있다. 수미쌍관법은 시를 강렬하게 마무리하는 것이다.

반복

반복(Refrain)이란 한 시안에서 어떤 부분이 두 번 이상 같은 구절이 언급되는 것을 말한다. 이 반복의 단위는 단어(시 67:4, 6), 문장, 혹은 구이거나 그 형태는 다양하다. 반복할 때 약간 형태를 변형하는 경우도 있다. 이러한 반복은 주로 후렴구로서 교창하는 경우가 많다(시 136편).

아가서에서도 이처럼 같은 구절이 두 번 이상 반복되는 예를 찾아볼 수 있다. 2:6의 "그가 왼팔로 내 머리를 고이고 오른팔로 나를 안는구나"는 8:3에서 다시 반복되며, 2:7의 "예루살렘 딸들아 내가 노루와 들사슴을 두고 너희에게 부탁한다 내 사랑이 원하기 전에는 흔들지 말고 깨우지 말지니라"는 3:5과 8:4에서 다시 반복된다.

교차대구법

교차대구법(Chiasmus)이란 히브리어 시의 이중구조에서 첫째 부분과 둘째 부분의 단어 나열 순서가 서로 바뀌는 것을 말한다. 교차대구의 예는 아가 2:14이나 이사야 5:7에서 발견된다. 교차대구의 종류는 다음과 같다.

ⓐ Chiasmus in bicola: AB//BA의 형식(한절에서 AB//BA가 되는 경우)

ⓑ Complete chiasmus (ABC//CBA)의 형식

ⓒ Chiasmus in tetracola(AB//BA)의 형식(두 절에서 AB//BA되는 경우)

ⓓ Chiasmus in hexacola(ABC//CBA)의 형식(세절에서 ABC//CBA가 되는 경우)

ⓔ Large-scale chiasmus(ABCD//DCBA)형식

반복법

시적인 효과를 높이고, 전달하려는 메시지를 정확히 전달하기 위하여 사용하는 방법으로 가장 대표적인 것이 반복법(Repetition)이다. 반복법의 가장 기본적인 형태는 유사음의 단어를 두 개 이상 반복하는 것이다. 그 결과 두운(頭韻 alliteration, 특정 자음을 반복하는 것)이나 각운(脚韻 rhyme) 혹은 모음압운(母音押韻 assonance, 유사음을 반복하는 것) 또는 언어유희(wordplay) 현상이 발생한다.

뿐만 아니라 문장의 구조에 있어서 첫 자음이나 음을 반복하거나(repetition initial), 끝을 반복하거나(end repetition) 혹은 같은 단어나 구를 연속해서 반복해 쓰는 방법(immediate repetition)이다.

반복되어지는 단어가 그 시의 핵심단어이다. 시편 121편과 122편에서 이러한 반복법을 찾아 볼 수 있다.

암시

암시(Allusion)라는 것은 하나의 문학적 단위에서 다른 문학적 단위에 대하여 언급하는 것을 말한다. 이러한 문학적인 기교를 사용하는 것은 지속적인 관심을 갖게 하기 위함이다(시 65:9-14). 암시기법은 성경 내의 다른 역사적 사건을 암시하기도 한다. 예를 들어 호세아 12:3-6절은 창세기 32:20, 33:4, 35:15을 암시하고 있다.

생략

생략(Ellipsis)은 시나 문법적인 단위의 어떤 부분을 생략하는 것을 말한다. 아가서 8:6a의 "너는 나를 도장같이 마음에 품고 도장같이 팔에 두라"(시메니 카-호탐 알레브카 카호탐 알-제로아카, כַּחוֹתָם עַל-לִבֶּךָ כַּחוֹתָם עַל-זְרוֹעֶךָ שִׂימֵנִי)에서 이 구절을 히브리어 원문대로 번역하면 "너는 나를 도장같이 네 마음에 두고, 도장같이 너의 팔위에" 이다. 따라서 뒷부분에 동사(씸, שִׂים)를 생략하였다. 호세아 5:8에서도 동사를 한번 생략하였으며, 시편 100편도 생략의 대표적인 예에 속한다.

풍자

풍자(Irony)란 반대적인 표현을 통하여 달하는 자의 뜻을 전하고자 하는 방식이다. 따라서 풍자의 경우에는 표면적으로 나타나는 의미와 정반대의 뜻을 나타낸다(암 4:4-5).

모순어법

모순(矛盾)어법(oxymoron)이란 서로 양립할 수 없는 두 단어가 인접하여 배열되는 방식을 말한다. 이러한 예는 예레미야 22:19의 "그가 끌려 예루살렘 문 밖에 던져지고 나귀 같이 매장함을 당하리라"에서 '문 밖에 던져지다'와 '매장함을 당하리라'가 서로 다른 의미를 지니고 있다(참고 잠 25:15, 28:19).

과장법

일반적으로 어떤 상황을 강조하기 위하여 혹은 비유를 생생하게 나타내기 위하여 과장법(Hyperbole)을 사용하기도 한다. 그러나 히브리어 시에서 그렇게 많이 사용되지는 않는다(시 6, 7편).

분할법

분할법(Merismus)[44]이란 전체를 나타내기 위하여 두 개 이상의 단어를 사용하는 것이다. 즉 인간 전체를 표현하기 위하여 "영과 육"으로 표현하거나 우주 전체를 나타내기 위하여 "하늘과 땅" 등 극단적인 단어 두 개를 사용하는 기법을 분할법(Merismus)이라고 부른다(잠 14:20, 14:27).

중언법

중언법(Hendiadys)이란 두 개의 단어를 사용하여 하나의 복합적인 의미를 나타내는 데 사용한다. 중언법은 고대 히브리어 시에서 많이 사용하는 문학적 기교 가운데 하나이다(시 55:6).

히브리어 시는 어떻게 구성 되는가?

히브리어 시를 구성하는 최소 단위는 반구(hemistich)이다.[45] 두 개의

---

44) Merismus는 헬라어 메리스모스($\mu\varepsilon\rho\iota\sigma\mu\acute{o}\varsigma$)에서 유래된 단어로 적당한 우리말을 찾지 못하여 한시적으로 분할법으로 사용하였다.
45) W.G.E. Watson, *Classical Hebrew Poetry*, pp. 11-15.

반구가 모여서 행(colon)을 이룬다. 히브리어시의 행은 단행(monocolon), 이행(bicolon), 삼행(tricolon)등으로 나눈다. 몇 개의 행이 모여서 절(strophe)이 되고, 몇 개의 절이 모여서 연(stanza)이 되며, 몇 개의 연이 모여서 시가 된다.

히브리어 시
연
절
행
반구+반구

고대 근동의 사랑노래

고대 근동의 지혜문학은 이스라엘의 지혜문학에 많은 영향을 주었으며, 구약성경에서 발견되는 지혜문학의 대부분의 장르는 고대 근동의 지혜문학에서 발견된다. 특히 아가서와 같은 사랑노래는 이집트와 메소포타미아의 사랑노래에서 발견된다.

그 가운데서도 이집트의 사랑노래는 표현이나 내용, 정서적인 측면에서 구약성경의 사랑의 노래와 매우 유사하다.

이집트의 사랑노래

고대 근동에도 아가서와 같은 사랑의 노래가 있었다. 그 가운데서도 이집트의 사랑노래는 형식이나 내용에 있어서 아가서와 매우 유사하다.

1899년 스피겔버그(Spigelberg)는 카이로에서 발견된 사랑의 시를 발표하였다. 이 시는 아가서처럼 남자 연인에 해당하는 오빠와 여자 연인에 해당하는 누이동생의 교창 형식으로 구성되어 있다. 이 노래는 자연 속에서의 기쁨과 정원의 나무와 꽃들을 노래한다. 특히 아가서처럼 육체의 아름다움과 자연의 즐거움이 강조되며, 연인들 사이에서 사랑할 때 사랑의 병이 들고 아양을 떨며, 뽐내는 모습이 묘사되어 있다. 아가서처럼 노골적으로 연인을 유혹하는 장면도 있다.

이집트 사랑노래는 다음과 같다.

이집트의 사랑 노래[46]

[아가씨의 노래]

나의 오빠여, 임이 보는데서 호수에 내려가 목욕을 하고 싶어요. 물에 젖은 화사한 비단옷에 찰싹 달라붙은 내 어여쁜 몸매를 보여드리기 위해서 임과 함께 물속에 들어가서 빨간 물고기를 손에 쥐고 나오리라. 오셔서 저를 보아주세요.

---

46) 이 번역은 장일선, 『구약세계의 문학』(서울: 대한기독교출판사, 1981), pp. 129-150을 기초로 수정한 번역이다.

[젊은이의 노래]

내 누이동생의 사랑은 저 건너편에 있도다. 우리 둘 사이에는 물이 갈라져 있고, 악어가 모래언덕에 기다리고 있구나. 그러나 나는 물속에 내려가리. 홍수라도 짓밟으리. 내 마음은 물을 두려워하지 않으며 물은 내 발에 땅과 같도다. 그녀의 사랑이 나를 강하게 만드네. 악어를 물리치도록 만드네.

내 누이동생이 오는구나. 내 마음이 기뻐 뛰네. 그녀를 껴안기 위해 내 팔을 활짝 벌리고 내 심장은 제자리에서 기뻐하네. 아가씨가 내게 오는 날.

내가 그녀를 껴안으니 그녀는 두 팔을 벌리네. 그녀는 푼트(Punt)에서 온 것 같구나.

내가 그녀에게 입을 맞추니 그녀의 입술이 열리네. 나는 술이 없어도 취하는도다.

[젊은이가 아가씨의 하녀에게 하는 노래]

그녀의 몸에 좋은 옷으로 휘감고 그녀의 침대는 흰 천으로 덮지 말라. 그 침대에 좋은 천을 깔고 티스테페느 향수로 뿌려라.

아, 내가 그녀의 몸종이라면 그녀의 팔, 다리 고운 모습을 볼 터인데
아, 내가 그녀의 빨래를 맡았다면 그녀 옷에 풍기는 향내를 씻을 텐
데. 아, 내가 그녀의 손가락에 끼인 반지라면…

[아가씨의 노래]

만일 그대가 나의 허벅지와 젖가슴을 만지작거린다면 만족하겠지요.
그대는 배가 고프다고 내 곁을 떠나시겠어요? 당신은 배창자만 생각
하십니까? 그대는 옷을 입겠다고 내 곁을 떠나시겠지요? 나에게도 천
이 있답니다. 그대는 목이 마르다고 내 곁을 떠나시겠어요?

그렇다면 내 젖가슴을 가지세요. 당신을 위해 철철 넘쳐흐를 거예요.
임의 팔에 안기는 하루가 다른 곳의 천 날, 만 날보다 더 좋아요.

임에 대한 내 사랑은 내 몸 전체에 파고들어요. 마치 물속에 소금이
녹듯. 마치 물속에 우유를 탄 듯…

그러니 임의 누이동생을 보러 빨리 오세요. 경마장의 준마처럼 또는
매가 먹이를 채러 내려치듯.
짚더미 위에 불이 떨어지듯 하늘이여, 여인의 사랑을 그에게 내리소서.

[젊은이의 노래]

내 임의 입은 연꽃봉오리 같으며 내 임의 젖가슴은 여름 사과 같으며 내 임의 팔은 포도넝쿨과 같으며 내 임의 눈은 산머루 같으며 내 임의 눈썹은 버드나무 덫 같으며 나는 그 덫에 걸린 오리이다. 덫 속에 든 미끼처럼 내 주둥이로 그녀 머리카락을 쪼다가 걸렸노라.

[아가씨의 노래]

내 마음은 나에 대한 임의 사랑을 안타까워하네. 나의 늑대새끼는 아직도 만취되어 있네.

그래도 나는 임을 내 곁에서 떠나지 못하게 하겠어요. 내가 몽둥이로 매를 맞는 한이 있어도 곤봉으로 맞아 팔레스틴 땅까지 쫓겨 가도 종려나무 꼬챙이로 찔려 에티오피아까지 가도 몽둥이로 맞아 높은 언덕에까지 가도 곤봉으로 맞아 낮은 들판에까지 가도 사랑을 버리라고 하는 그들의 말을 듣지 않겠어요.

[젊은이의 노래]

나는 나룻배를 타고 물결 따라 내려가요. 어깨에 갈대를 한아름 지고 나는 멤피스에 가서 진리의 주이신 프타(Ptah)에게 말하리. 오늘 밤에 내 아가씨를 내어놓으라고.

물결은 술과 같고, 프타는 강변의 갈대. 세크메트(Sekhmet)는 연꽃. 이슬의 여신은 꽃봉오리. 네페르툼(Nefertum)은 꽃송이.

황금의 여신이 기뻐하며 온 땅이 그녀의 아름다움으로 환히 빛나네. 멤피스는 아름다운 얼굴 앞에 내놓은 술병과도 같다.

나는 집안에 드러누워 아픈 체하리라. 내 이웃들이 나를 방문할 때 내 누이도 오리라. 그녀는 의사들을 구색케 하리라. 그녀만이 내가 왜 아픈지 알기 때문에.

나의 아가씨의 농장에 있는 집 한 가운데 대문이 있고 그 대문은 조금 열렸네. 문이 열렸다고 아가씨는 화를 냈네.

아 내가 그 문지기라면 그녀가 나에게 화를 내면. 그러면 난 그녀의 화난 목소리를 들을 수 있고 어린애처럼 그녀를 무서워하는 척하리.

[아가씨의 노래]

나는 군주의 운하에서 떠내려가네. 레(Re)의 운하에 끼어가기 위해서 운하의 하구가 시작되는 곳에 천막 쳐놓은 것들을 보기 위해서.

나는 돛을 달고 쉬지 않고 달린다. 내 마음이 레를 생각하면서 나는 나의 오빠가 도착하는 것을 보리라.

나는 임과 함께 운하의 하구에서 기다리네. 임은 내 마음을 헬리오폴리스(Heliopolis)의 레에게 인도하소서. 나는 임과 함께 나무가 있는 (공원으로) 가리라.

나는 나무에서 가지를 꺾어 부채를 만들어 내 얼굴에 그늘이 지게 만드는 것을 보리라.

내 손에는 나뭇가지를 잔뜩 쥐었고 내 머리카락은 향기로 가득 찼네. 내가 임의 팔 안에 안기는 한 나는 두 땅의 귀부인과 같도다.

[아가씨의 노래]

(아가씨가 초장에서 혼자 부르는 노래 너의 누이동생이 초장에서 나오면서 부르는 아름답고 경쾌한 노래들)

나의 오빠, 나의 사랑하는 이여! 내 마음은 임의 사랑을 그리워합니다. 임이 와서 내가 하는 것을 보았으면.

나는 새들을 손에 들고 새 사냥을 갔다 왔어요. 나의 다른 손에는 새장을 가지고.

푼트의 모든 새들이 향내를 피우며 이집트 땅에 내리네. 첫 번째 온 새가 나의 미끼를 가로챘네.

그의 향내는 푼트에서 온 것. 그의 발톱은 향기름으로 젖었네. 내 마음은 임을 사모하기에 그 새를 풀어주고 우리 둘만의 시간을 가지고 싶어요.

몰약으로 뒤집어쓴 그이를 위하여 슬피 울부짖는 내 목소리를 들어보세요. 내가 새덫을 놓을 때 임이 그곳에 같이 있다면 얼마나 좋을까!

사랑하는 임을 위하여 초장에 내려가는 것이 얼마나 좋은가?

미끼에 걸린 들오리가 울어대네. 그러나 임을 위한 나의 사랑이 그것을 놓아주지 않게 되네.

나의 그물을 젖혀놓으리. 매일 저녁 새를 잔뜩 잡아 찾아가는 내 어머니에게는 무엇이라 말할까?

나는 오늘 새덫을 놓지 않았네. 임의 사랑이 나를 덫에 가두었네.

들오리는 높이 날아 새들이 앉은 연못에 내려앉았네. 많은 새들이 빙 빙 떠다녀도 딴 생각할 겨를이 없네. 단지 난 임 생각에 골몰하기 때 문에. 내 마음은 임의 마음과 한 가지 잠시라도 임 생각을 떠날 수 없 네.

내가 임의 사랑을 사모하기에 내 심장은 내 속에서 멎은 것 같네.

설탕으로 만든 떡을 먹어도 내 입에서는 소금과 같구나. 달콤한 석류 로 만든 술도 내 입에는 새의 쓸개처럼 씁쓸하구나.

입 코의 숨결만이 내 마음에 생기를 부어주네. 아몬은 내가 발견한 것을 영원히 간직하도록 해주었으면.

어여쁜이여! 나의 사랑은 당신의 부인이 되는 것이라오. 당신의 팔이 내 팔 위에 감기고 임의 사랑이 나를 온통 감는도다.

나는 혼자 속삭이네. 오늘밤 임이 나와 함께 계시지 않으면 나는 이미 무덤에 들어간 자와 같아요. 그런데 임은 생명을 가지고 계시지 않습니까? 임의 생명은 내게 기쁨을 주며 내 마음은 임을 사모합니다.

참새의 소리가 재잘거리네. "땅은 밝은데 네 길은 어디메뇨?" 아 작은 새야, 나를 귀찮게 굴지 말아라.

나는 내 오빠가 그의 침대에 누워 있는 것을 찾아냈다. 내 마음은 말할 수 없이 기쁘다.

그이는 내게 말했다. "내 손이 당신 손을 잡고 있는 한 나는 결코 당신 곁을 멀리 떠나지 않을 거예요. 나는 당신과 함께 모든 좋은 곳에 함께 거닐 것이오." 그는 나를 아가씨들 중에 으뜸으로 삼고 내 마음을 상하게 하지 않는도다.

내가 바깥 대문을 뚫어지게 바라보니 나의 오빠가 내게로 오는구나. 내 눈은 길을 바라보며 내 귀는 쫑긋이 섰네. 내가 파-메히(Pa-Mehy)에게 숨었다가 달려들기 위해서.

내 오빠에 대한 사랑만이 나의 모든 관심. 그이를 위해 나의 마음은 쉬지 않고 뛰도다.

그이는 내게 심부름꾼을 보내네. 재빨리 뛰어와서 내게 말하네. 내가 그의 마음을 상하게 했다고.

당신은 다른 여자를 발견했단 말이오? 당신은 그 여자에게 미쳤단 말이오? 어찌 감히 다른 여자 때문에 나를 저버린단 말이오?

내 마음은 당신의 사랑을 잘 기억한다오. 나는 머리를 반만 빗은 채로 달려가서 당신을 찾아요. 나의 머리 빗는 것도 잊은 채로.

임이 나를 아직도 사랑한다면 내 머리손질을 다시 하겠어요. 아무 때나 임을 맞을 채비를 위해서.

[아가씨의 노래]

(아가씨는 동산에서 꽃을 보고 있다. 꽃다발을 만들면서 애인을 생각한다. 노래의 첫 마디를 꽃이름으로 시작한다)

메크메크 꽃(*mhmh-flower*)!

내 마음은 임에게로 기울어졌나이다. 내가 임의 팔에 안길 때 내 마음이 원하는 대로 하리라.

나는 눈썹을 그리고 싶어요. 그래서 임을 볼 때에 내 눈이 반짝거리게. 내가 임에게 가까이 가서 임의 사랑을 보면 임은 내 마음속에 가득 찬다오.

이 시간이야말로 참으로 얼마나 좋은가. 임과 함께 자는 이 시간 영원히 지속되었으면. 임은 내 마음을 높이 들어올리셨도다.

기쁘나 슬프나 내게서 멀리 떠나지 마소서.

세아무 꽃들!
그 꽃들 앞에서 나는 커 보이네.

나는 임의 첫 번째 가는 누이동생. 나는 임에게는 동산과 같아요. 내 손수 각종 꽃과 향기로운 풀을 심은 동산.

임의 손으로 직접 파놓으신 하수는 좋아요. 그리로 시원한 바람이 불어와요. 임의 손을 꼭 붙잡고 산보하기 좋은 곳이에요.

우리 같이 걷는 동안 내 몸은 흥분했고 내 마음은 기뻐 뛰네.

임의 목소리를 듣는 것은 석류로 만든 술처럼 달콤해요. 임의 목소리를 들으면 사는 것 같아요.

내가 임을 보는 것은 먹는 것과 마시는 것보다 내겐 더 좋아요.

차이트 꽃들이 한창이구나.
자리에 누우면 내가 임의 발을 주물러드리리.

[과수원의 노래]

(아가씨의 정원에 있는 나무들이 아가씨와 그 애인에게 나무 그늘 밑에 와서 쉬라고 초대한다)

석류가 말한다.
나의 씨는 그녀의 이와 같고, 내 열매는 그녀의 유방과 같다. 나는 계절마다 있기 때문에 과수원에서 제일 좋은 나무다.

누이동생과 오빠가 내 가지 밑에 기대어 누울 수 있으며 포도주와 석류주로 만취되고 모링가(Moringa) 기름으로 향취를 풍기네.

나 이외의 모든 나무들은 정원에서 사라지네. 나는 일 년 열두 달을 서 있네.

꽃이 떨어지면 봉오리가 또 피어나네. 나는 정원에서 제일 훌륭한 나무. 그런데 나는 두 번째로 여기는도다.

나는 다시, 한 번 그렇게 취급한다면 잠잠하지 않으리. 나는 그녀를 다시는 숨기지 않으리. 만천하에 그 잘못을 폭로하리라.

…

연꽃, 꽃봉오리… 향기 그는 술에 만취했네. 감추어진 곳에서 하루를 즐겁게 지낼 수 있게 되었네.

보라, 그녀가 나오는구나. 그녀를 골려주자. 그가 숨어 있는 나무 그늘 밑에서 하루 종일 지내게 해주자.

무화과나무가 입을 열고

잎사귀들이 움직여 말을 하네. 아가씨에게 종이 없으면 내가 아가씨
의 종이 되겠나이다. 나는 아가씨의 종이 되겠나이다. 나는 아가씨를
위한 전리품으로 시리아 땅에서 옮겨졌답니다.

아가씨는 나를 그녀의 정원에 심었으나 물을 주지 않았고 내 배를 물
로 채우지 않았도다.

내가 물을 마시지 않는다고 사람들은 나를 비웃었네. 그러나 나의 키
가 나를 임 곁에 오게 했도다.

아가씨가 손수 심은 조그만 뽕나무가 입을 열어 말하였네.

입사귀의 속삭임은 꿀이 넘치듯 달콤하구나. 나뭇가지들은 아름답고
물보다도 더 파랗구나.

가지엔 활짝 익은 무화과가 주렁주렁 달렸고 홍옥보다 더 붉도다. 잎
사귀는 터키옥과 같으며 나무껍질은 유리와 같도다.

그 나무 줄기는 푸른 장석과 같으며, 그 수액은 베스베스(Bes-Bes)처럼
맑도다. 그 나무는 멀리 있는 이들도 그 밑으로 끌며 그 그늘은 찬바

람처럼 시원하다.

그 나무는 정원지기의 딸 어린 소녀의 손에 소식을 보내 아가씨에게
달리게 하노라. "오시어 아가씨들과 함께 시간을 보내세요. 정원은
꽃이 한창입니다. 정원에는 정자가 있고 그늘도 있습니다. 정원지기
들은 아가씨를 보면 기뻐한답니다."

"아가씨의 종들을 먼저 보내세요. 그들의 그릇들을 잔뜩 가지고 아가
씨에게 갈 때에는 술을 마시지 않고도 취한 것 같다오. 종들은 각종
술과 여러 가지 빵을 가지고 나오도록 하세요. 어제와 오늘의 꽃 그
리고 모든 신선한 과실을 가지고요."

"오셔서 하루를 즐기세요. 내일 그리고 모레 사흘간 내 그늘에서 쉬
세요."

아가씨의 애인은 그 오른편에 앉았네. 아가씨는 그에게 술을 먹이고
그가 하는 말을 다 듣네. 축제는 술이 취해 엉망이지만 아가씨는 오
빠와 함께 머물러 있네.

아가씨가 내 그늘 밑에 산보하는 데는 많은 자리의 여유가 있도다.

나는 조심성이 있어 내가 보는 것을 말하지 않겠노라. 아무 말도 하지 않으리.

행복의 노래

[제1절 청년의 노래]

임이여, 임같은 이는 또 없도다. 온 세상보다 더 완전하도다. 임은 신년 초에 하늘 위에 떠오르는 별과 같도다.

임의 몸은 광채가 나며, 임의 눈은 반짝이도다. 임의 입술은 황홀하며, 임의 목은 곧게 섰고, 임의 젖꼭지는 빛나도다.

임의 머리카락은 윤색이 돌고 임의 팔은 정금보다 아름답고 임의 손가락은 연꽃이 열리는 것과 같도다.

임의 엉덩이는 알맞게 늘어졌고 임의 다리는 완전한 미를 드러내도다. 땅을 사뿐히 밟는 발걸음도 보기 좋고 나를 포옹하며 내 마음을 사로잡네.
그녀는 모든 남자의 고개를 돌리게 하며 모두 그녀를 보고는 반하네.

그녀를 포옹할 수 있는 자는 기뻐하며 그는 모든 연인 중에 첫째가 되리라. 그녀가 길을 가면 모든 눈이 그녀를 쫓아가네. 유일한 여신이로다.

[제2절 아가씨의 노래]

그이의 목소리는 내 마음을 흔들어놓네. 그의 목소리는 나를 병들게 하네. 그는 내 어머니 집의 이웃이지만 그를 어떻게 접근해야 좋을지 모르겠네. 내 어머니는 나를 야단칠 것인가?

[어머니의 노래]

아, 그이에 대한 말을 하지 말라. 그 아이 생각만 해도 역겹구나.

[아가씨의 노래]

그의 사랑이 나를 사로잡았어요.

[어머니의 노래]

그러나 그는 아직 철없는 어린애니라.

[아가씨의 노래]

나도 그이와 마찬가지예요. 내가 그이를 꼭 껴안고 싶다는 것을 그이
는 몰라요. 그렇다면 어머니가 무어라 그러시겠지요?

여인의 황금 여신에 의해 나는 당신에게 주어진 거예요. 내게로 오세
요. 임을 바로 볼 수 있게. 내 아버지와 어머니는 기뻐할 거예요. 모
두들 당신 보기를 원해요.

[제3절 아가씨의 노래]

나는 아름다운 이곳에 나와서 좀 쉬려고 했어요. 그런데 메히(Mehy)
가 다른 젊은이들과 함께 마차를 타고 가는 것을 보았어요.

이렇게 돌아설 수 있겠어요? 아무렇지도 않은 듯 그이 앞을 지나쳐 걸
어갈까요? 그를 지나치려면 강뿐인데 난 강 위를 걸을 수는 없어요.

나의 마음, 너는 참 어리석구나. 왜 메히 곁에서 나란히 걸으려고 하
느냐?

내가 그이 앞을 지나가게 되면 내 비밀이 탄로 날 것인데.

나는 그에게 말할 거예요. 나는 당신의 것이라고.

그렇지만 그이는 나의 이름을 불러, 그의 젊은이 중에서 누구든지 재미를 보려는 이에게 넘겨줄 텐데.

[제4절 아가씨의 노래]

내가 그를 얼마나 사랑하는가를 생각할 때 내 마음은 초조해지네.

나는 다른 사람들과 같이 행동할 수는 없어요. 내 마음은 제자리를 떠나 흐트러지고 옷을 입는 것이나 부채질하는 것에도 마음을 쓰지 않게 되네. 나는 눈 화장을 할 수도 없으며 향수를 뿌릴 수도 없네.

"그이를 기다리지 마. 집으로 들어가." 내 마음은 그렇게 말을 하네. 내 마음아 그렇게 바보노릇을 하지마. 나를 놀리지마. 조용히 앉아 있어. 그러면 그이가 올거야. 다른 여인들이 나에 관해 종알거리지 못하게 해야지. "계집애가 사랑에 빠졌다"고. 그이를 생각할 때마다 내 마음에 자리를 굳게 지켜라. 너무 초조해하지 말아라.

[제5절 청년의 노래]

나는 황금빛 나는 여신을 숭배하며 여왕 하토르(Hathor)를 칭찬하도다. 나는 하늘의 귀부인을 높이며 그분에게 감사를 드리노라.

나는 귀부인에게 내 소원을 아뢰니 귀부인은 그녀를 내게 주도다. 그녀는 나를 만나러 찾아왔고 기쁨을 한아름 안고 찾아왔도다.

나는 기뻐서 소리치며 그녀가 여기 있다고 소리칠 때 나는 행복하도다.

그녀는 다시 돌아왔고 젊은이들은 그녀 발 앞에 엎드러지도다. 그들에게 사랑의 바람이 불었도다.

여신이 내게 아가씨를 주기 위해 나는 나의 여신에게 서약을 하겠노라.

나는 그녀 이름을 부르며 사흘 기도를 드렸네. 그녀는 나를 떠난 지 닷새가 되었네.

[제6절 아가씨의 노래]

나는 그의 집에 가보니 대문이 조금 열렸네. 그이는 오빠와 누이동생

그리고 그의 어머니와 같이 서 있었네.

길을 지나가는 사람마다 그를 측은히 여기네. 예쁘게 생긴 아이 완전한 성품을 가진 젊은이 내가 지나갈 때 그는 날 쳐다보네. 내 마음은 기뻐 뛰었네. 그이를 내 눈으로 볼 수 있으니. 나는 얼마나 행복한가.

내 어머니가 내 생각을 안다면 그에게 직접 찾아갔을 터인데. 오, 황금빛의 여신이여. 그 생각을 어머니에게도 넣어주소서. 그러면 나는 그이에게 달려갈 터인데.

나는 사람들이 보는 데서 그에게 입 맞추리. 여인들이 많다고 창피를 느끼지도 않으리. 당신이 나를 알고, 또 모든 사람들이 알게 된 것이 기뻐요.

나의 여신을 위해 축제를 벌이겠어요. 내 마음은 터질 듯 벅차요. 오늘 밤에 나의 임을 볼 수 있다니. 이 순간이야말로 얼마나 행복한가?

[제7절 청년의 노래]

일주일이 지나도록 아가씨를 보지 못했네. 나는 몸살이 났네. 팔다리는 축 늘어지고 내 몸을 돌보지 않게 되었네.

의원이 내게 찾아와도 내 마음은 그들의 치료로 나을 수 없으리. 주문을 외워도 내 병은 나을 수 없으리.

"그녀가 여기 왔다"는 소리만이 나에게 생기를 줄 것이며 그녀의 이름만이 나를 자리에서 일으켜놓을 것이네. 그녀가 보내는 편지만이 내 마음을 소생시킬 것이네.

내 임은 훌륭한 약보다 더 좋은 치료제이며 모든 주문보다 더 효과적이네. 나의 건강은 그녀가 내게 오는 것. 나는 그녀만 보면 곧 나으리.

임이 와서 내 눈을 열게 해줘요. 그러면 내 팔다리가 다시 젊어질 거예요. 그녀가 입을 열어 말하면 내가 힘이 다시 솟구칠 거예요. 내가 임을 끌어안으면, 그녀는 내 병고를 말끔히 쓸어버리리. 그녀는 이미 나를 떠난 지 일주일이 되었네.

메소포타미아의 사랑노래

메소포타미아의 사랑노래는 수메르어로 기록된 것이 많다. 특히 두무지(Dumuzi)와 인안나(Inanna)의 사랑의 노래는 대표적인 사랑의 노래이다.

인안나와 두무지의 말다툼[47]

이것은 두무지와 인안나의 대화로 구성된 시이다. 인안나와 두무지 사이의 말다툼을 기록하고 있으며, 두무지는 자신의 가문도 인안나 가문 못지않게 좋은 가문이라고 자랑한다. 이 가벼운 말다툼은 오히려 둘 사이의 정열을 불태웠으며, 두무지는 인안나에게 홍옥 목걸이를 걸어주기 위하여 열심히 땅을 파는 내용이다.

[인안나]

1　"우리 어머니가 없는데 길을 쫓아옵니까?

　　젊은이여, 우리 어머니가 없는데 길을 쫓아옵니까?

　　내 어머니 가샨갈라(Gasangalla)가 없는데 길을 쫓아옵니까?

47) *ANET*, p. 637; 조철수, 『수메르 신화』,(서울: 서해문집, 2003), pp. 236-240. 본 번역은 조철수 박사의 번역을 근거로 조금 수정한 것임을 밝혀둠.

'거룩한 갈대의 여주(女主)'가 없는데 길을 쫓아오옵니까?

5 아버지 신(Sin)이 없는데 길을 쫓아오옵니까?

내 오빠 우투(Utu)가 없는데 길을 쫓아오옵니까?'

[두무지]

"젊은 여인이여, 말다툼을 벌이지 맙시다.

인안나, 우리가 말로 이야기합시다.

인안나, 말다툼을 벌이지 맙시다.

10 니네갈라(Ninegalla, '왕궁의 여주'), 우리가 상의합시다.

내 아버지도 역시 당신의 아버지처럼 좋습니다.

인안나, 우리가 말로 이야기합시다.

내 어머니도 역시 당신의 어머니처럼 좋습니다.

니네갈라, 우리가 상의합시다.

15 게쉬틴안나(Geshitinanna)도 역시 …. 좋습니다.

인안나, 우리가 말로 이야기합시다.

나도 역시 우투처럼 좋습니다.

니네갈라 우리가 상의합시다.

엔키도 역시 신(Sin)처럼 좋습니다.

20 인안나, 우리가 말로 이야기합시다.

시르투르(Sirtur)도 역시 닌갈처럼 좋습니다.

니네갈라, 우리가 상의합시다."

그들이 이야기하는 것은 갈망의 말이었으며

말다툼을 벌이는 그녀 마음속의 즐거움이었다. [48]

25 홍옥(?uba-stone, 紅玉)을 원하는 자가 홍옥을 파낸다. [49]

홍옥을 원하는 아마우슘갈안나(Amaushumgalanna)가 홍옥을 파낸다.

그 홍옥 가운데 작은 홍옥으로는 목걸이를 만들며

그 홍옥 가운데 큰 홍옥으로는 긴 목걸이를 만든다.

옥상에 기댄 젊은 여인이 그를 향해 옥상에 기댄다.

30 벽에 기댄 인안나는 그를 향해 벽에 기댄다.

인안나는 아마우슘갈안나에게 소리쳤다.

[인안나]

"홍옥을 파내세요. 홍옥을 파내세요.

누가 그녀(인안나)를 위하여 파내겠습니까?

아마우슘갈안나, 홍옥을 파내세요.

누가 그녀를 위하여 파내겠습니까?

그 홍옥 가운데 작은 홍옥으로는 내 목에 걸어 주시고

35 그 홍옥 가운데 큰 홍옥으로는 내 거룩한 가슴에 걸어 주세요."

[두무지]

아마우슘갈안나는 성녀(聖女)에게 대답했다. [50]

48) 24-30행까지는 크래머의 번역이 많이 파괴되어 조철수의 번역을 따랐다.

49) 크래머(S.N. Kramer)는 ?uba-stone(홍옥)은 성적인 관계를 나타내는 은유적 표현이라고 설명한다.
   ANET, p. 637, note 4.

"성녀여, 내 아내여, 성녀여, 그녀를 위해 파겠습니다.

거룩한 인안나, 신성한 여인이여,

그녀를 위해 파겠습니다."

홍옥을 원하는 자가 홍옥을 파낸다.

40 홍옥을 원하는 아마우슘갈안나가 홍옥을 파낸다.

[인안나]

"홍옥을 파내세요. 홍옥을 파내세요.

누구를 위해 파내겠습니까?

아마우슘갈안나, 홍옥을 파내세요.

누구를 위해 파내겠습니까?

나를 위해 (땅을) 파는 내 사람,

나를 위해 (땅을) 파는 내 사람의 수염은 라피스 라줄리(lapis lazuli). [51]

높은 포플러 나무여,

나를 위해 (땅을)파는 사람의 수염은 라피스 라줄리.

고귀한 자여, 그의 수염은 라피스 라줄리.

그의 수염은 라피스 라줄리."

(인안나의 노래)

50) '성녀(聖女)'는 신전에서 일하는 여사제를 칭하며 인안나의 별칭이다. 조철수, 『수메르 신화』, p. 239, note 9.

51) 라피스 라줄리(lapis lazuli)는 청록색 보석으로써 수메르인 뿐만 아니라 메소포타미아 사람들이 가장 즐겨 사용한 장식용 돌이다. 비유로 쓰일 때에는 '아름답다'는 뜻을 지닌다. 조철수, 『수메르 신화』, p. 239, note 10.

사랑의 환희

수메르의 사랑노래인 '사랑의 환희'는 인안나가 밤새워 노래하고 춤추며 놀다가 두무지를 만난 것을 노래하고 있다.[52] 인안나를 사랑한 두무지가 하룻밤 춤추며 놀고 난 후 인안나의 어머니 닌갈(Ningal)에게 결혼 허락을 받는 이야기로 구성되어 있다.

[인안나]

1 '나는 숙녀이다. 나는 어제부터 동틀 때까지 놀았다.

　　나는 인안나이다. 나는 어제부터 동틀 때까지 놀았다.

　　동틀 때까지 놀며 춤추었다.

　　밤새며 동틀 때까지 노래했다.

5 그와 마주쳤다. 그와 마주쳤다.

　　아나(하늘의 신)의 친구(쿨리-아나, Kuli-Anna)인 주(主)를 만났다.[53]

　　그 주(主)는 다가와 그의 손으로 내 손을 잡았다.

　　우슘갈안나(Ushumgalanna)는 나를 포옹하였다.

　　'왜 그러십니까? 황소여, 나를 놓아 주세요.[54]

　　우리 집에 가야만 합니다.

---

52) ANET, pp. 639-640; 조철수, 『수메르 신화』,, pp. 240-244.

53) 여기서는 쿨리-아나(Kuli-Anna)는 두무지를 지칭하는 것이다.

54) 인안나는 두무지를 '황소'라고 부른다. 황소는 황소자리를 가리키는 경우가 많다. 조철수, 『수메르 신화』, p. 241, note 11.

10 엔릴의 친구여(Kuli Enlil), 나를 놓아 주세요. 내 집에 가야만 합니다. [55]

무엇이라 말하며 내 어머니에게 거짓말을 합니까!

무엇이라 말하며 내 어머니 닌갈을 속입니까!

[두무지]

"내가 당신에게 가르쳐 주겠습니다.

내가 당신에게 가르쳐 주겠습니다.

인안나여, 여자들의 거짓말을 내가 당신에게 가르쳐 주겠습니다.

15 '내 여자 친구가 넓은 사거리에서 나와 춤추고 있었습니다.

그녀는 음악과 춤으로 나와 즐겼습니다.

그녀의 슬픈 노래는 감미로웠고, 그녀는 나를 위해 노래 불렀습니다.

기쁜 노래는 좋았으며 벌써 동이 텄습니다.'

당신 어머니에게 이런 거짓말로 서 보십시오.

20 당신과 나는 달빛에 즐겁게 지냅시다.

나는 당신을 위해 거룩하고 달콤하고, 귀한 잠자리를 준비하겠습니다.

나와 함께 동이 틀 때까지 좋고 행복하며 기쁘게 지냅시다."

[인안나]

"나는 길거리에서 서성거리는 젊은 여자가 아닙니다.

만일 내가 당신과 동틀 때까지 놀면 [56]

---

55) 두무지를 '엔릴의 친구' 라고 부른 것은 두무지를 존중하는 어투이다.
56) 23-24행은 조철수의 번역을 따른 것이다.

25 [······.]"

(약 10행이 부서져 없음. 두무지는 인안나의 집 앞에 와서 그녀와 결혼
하겠다고 그녀의 어머니에게 말한다.)

[인안나]

"그는 우리 어머니의 집 대문 앞에 와 서 있습니다.[57]

나는 기쁨으로 서성거립니다.

그는 닌갈의 집 대문 앞에 와 서 있습니다.

나는 기쁨으로 서성거립니다.

40 내 어머니에게 당신의 이름을 알려 주십시오.

그녀는 삼목(杉木) 향을 바닥에 뿌릴 것입니다.

내 어머니 닌갈에게 당신의 이름을 알려 주십시오.

그녀는 삼목 향을 바닥에 뿌릴 것입니다.

그녀의 처소에 향기는 좋을 것이며

그녀의 말씀은 매우 기쁠 것입니다."[58]

57) 여기서 매우 이상한 것은 인안나가 왜 자신의 어머니 집에 대하여 '나의 어머니' 라고 말하지 않고
 '우리 어머니' 라고 말했는가 하는 점이다.
58) 40-45행은 조철수의 번역을 따른 것이다. 크레머의 번역에 으하면 40-45행은 "내 어머니에게 그가
 말할 때, 그가 삼목향을 바닥에 뿌릴 것이다. 내 어머니 닌갈에게 그가 말할 때 그는 삼목향을 바
 닥에 뿌릴 것이다. 그의 처소는 향기가 좋을 것이며, 그의 말은 깊은 즐거움을 줄 것입니다" 이다.

[닌갈]

"나의 주(主)여, 당신은 거룩한 무릎에 어울릴 것입니다.[59]

아마우슘갈안나, 신(Sin)의 사위,

주(主) 두무지, 당신은 거룩한 무릎에 어울릴 것입니다.

아마우슘갈안나, 신(Sin)의 사위,

50 나의 주여, 당신의 풍요함은 좋습니다.

들에 핀 당신의 풀과 약초는 달콤합니다.

아마우슘갈안나, 당신의 풍요함은 좋습니다.

들에 핀 당신의 풀과 약초는 달콤합니다."

(하프에 맞추어 부르는 인안나의 노래.)

시편의 사랑노래

구약성경 가운데 사랑의 노래는 시편 45편이다. 특히 45편은 왕실 혼인잔치를 위한 노래이다. 새번역 시편 45편은 다음과 같다.

---

59) 즉 인안나의 거룩한 무릎에 어울릴 것이다. '무릎에 앉다/눕다' 는 잠자리를 같이 한다는 뜻이다. 조철수,『수메르 신화』, p. 243, note 13.

[지휘자를 따라 소산님에 맞추어 부르는 고라 자손의 노래, 마스길, 사랑의 노래]
1 마음이 흥겨워서 읊으니, 노래 한 가락이라네. 내가 왕께 드리는 노래를 지어 바치려네. 나의 혀는 글솜씨가 뛰어난 서기관의 붓끝과 같다네. 2 사람이 낳은 아들 가운데서 임금님은 가장 아름다운 분, 하나님께서 임금님에게 영원한 복을 주셨으니, 임금님의 입술에서는 은혜가 쏟아집니다. 3 용사이신 임금님, 칼을 허리에 차고, 임금님의 위엄과 영광을 보여주십시오. 4 진리를 위하여, 정의를 위하여 전차에 오르시고 영광스러운 승리를 거두어 주십시오. 임금님의 오른손이 무섭게 위세를 떨칠 것입니다. 5 임금님의 화살이 날카로워서, 원수들의 심장을 꿰뚫으니, 만민이 임금님의 발아래에 쓰러집니다. 6 오 하나님, 하나님의 보좌는 영원무궁토록 견고할 것입니다. 주님의 통치는 정의의 통치입니다. 7 임금님은 정의를 사랑하고, 악을 미워하시니, 그러므로 하나님, 곧 임금님의 하나님께서 기름 부어 주셨습니다. 임금님의 벗들을 제치시고 임금님께 기쁨의 기름을 부어 주셨습니다. 8 임금님이 입은 모든 옷에서는 몰약과 침향과 육계 향기가 풍겨 나고, 상아궁에서 들리는 현악기 소리가 임금님을 흥겹게 합니다. 9 임금님이 존귀히 여기는 여인들 가운데는 여러 왕의 딸들이 있고, 임금님의 오른쪽에 서 있는 왕후는 오빌의 금으로 단장하였습니다. 10 왕후님! 듣고 생각하고 귀를 기울이십시오. 왕후님의 겨레와 아버지의 집을 잊으십시오. 11 그리하면 임금님께서 그대의 아름다움에 사로잡힐 것입니다. 임금님이 그대의 주인이시니, 그대는 임금님을 높이십시오. 12 두로의 사신들이 선물을 가져오고, 가장 부유한 백성들이 그대의 총애를 구합니다. 13 왕후님은 금실로 수놓은 옷을 입고, 구중 궁궐에서 온갖 영화를 누리니, 14

오색찬란한 옷을 차려입고 임금님을 뵈러 갈 때에, 그 뒤엔 들러리로 따르는 처녀들이 줄을 지을 것입니다. 15 그들이 기뻐하고 즐거워하면서 안내를 받아, 왕궁으로 들어갈 것입니다. 16 임금님, 임금님의 아드님들은 조상의 뒤를 이을 것입니다. 임금님께서는, 그들을 온 세상의 통치자들이 되게 하실 것입니다. 17 내가 사람들로 하여금 임금님의 이름을 대대로 기억하게 하겠사오니, 그들이 임금님을 길이길이 찬양할 것입니다.

제2부
주석적 이해

아가서의 표제어

표제어(1:1)

아가서 1:1은 다른 지혜문학과 마찬가지로 표제어에 해당한다.

> 1 솔로몬의 아가라

히브리어 **쉬르 하-쉬림**(שיר השירים)은 아가(雅歌)로 번역되었다. 아가는 '바른 노래' 혹은 아악(雅樂)과 동의로서 '종묘·궁정(宮廷)에서 연주하는 음악'이란 뜻으로 이 노래의 저자가 솔로몬임을 암시하는 번역이다. 그러나 **쉬르 하-쉬림**을 문자적으로 번역하면 '노래들 가운데 노래'(song of songs)인데 이러한 표현은 최상급을 나타내는 것으로, '가장 좋은 시'(the best song)란 의미를 갖는다. 히브리어는 '명사 + 그 명사의 복수형'을 사용하여 최상급의 의미를 나타낸다.[60] 이러한 예

60) *GHG* § 133i; R. S. Hess, *Song of Songs*, p. 37; M.H. Poppe, *Song of Songs*, p. 294.

는 전도서 1:2의 **헛되고 헛되니**(하벨 하발림, הבל הברים)나 에스라 7:12의 **왕의 왕**(멜렉 말카야, מלך מלכיא) 등에서 찾아 볼 수 있다(신 10:17; 전 12:8 참고).

히브리어 **쉬르**(שיר)는 시편의 표제어로 30회 사용되었고, 시편 본문(시 28:7, 33:3 등)과 시편 이외에서도 많이 사용되었다(사 23:16). 시편에서 **쉬르**는 시편 46편만 제외하고 모두 **미즈모르**와 함께 사용된다(시 48, 65, 66, 67, 75, 76, 83, 87, 88, 92,108 등).

1절의 **아쉐르 리슐로모**(אשר לשלמה)에서 전치사 **라메드**(ל)는 일반적으로 저자를 나타낸다(lamed auctoris).[61] 머피(R.E. Murphy)는 **아쉐르 리슐로모**라는 표현은 아가서가 솔로몬의 저작임을 분명히 보여주는 것이라고 주장한다. 따라서 그는 1절을 "The Song of songs, by Solomon"이라고 번역하였다.[62] 이러한 해석을 근거로 전통적으로 아가서를 솔로몬이 지었다고 주장한다.

그러나 히브리어 표현 가운데 **아쉐르 레~**(~ל אשר)는 '~에 관한'(concerning)이란 뜻으로 소유의 의미를 나타낸다. 따라서 **아쉐르 리슐로모**의 의미는 '솔로몬에 관하여' 라는 의미를 갖는다. 따라서 아가서 1:1은 '솔로몬에 관한 가장 좋은 시' 혹은 '솔로몬에 관한 가장 아름다운 노래' 라는 의미이다.

---

61) *GHG* § 130b.
62) R. E. Murphy, *The Song of Songs*, p. 119.

뿐만 아니라 **아쉐르 리슐로모**에서 전치사 레(ל)는 시편의 **레다비드**(לדוד)와 같이 '~에 관한'(concerning), '위하여'(for), 혹은 '~에게 헌정하는'(dedicate to)의 뜻을 갖는다. [63] 이럴 경우 1절의 의미는 '솔로몬에게 헌정된(혹은 솔로몬을 위한) 가장 좋은 노래'로 이해할 수 있다.

아가서 1:1(쉬르 하-쉬림 아쉐르 리슐로모, שיר השירים אשר לשלמה)을 문자적으로 해석하면 '솔로몬에게 헌정된(혹은 솔로몬을 위한) 노래들 가운데 노래(가장 아름다운 노래)'가 된다.

표제어에 아가서의 저자가 솔로몬이라고 기록되어 있기는 하지만 그러나 이 표제어가 실제 아가서의 저자가 기록한 것인지 아니면 후대의 누군가에 의하여 삽입된 것인지 밝히는 것은 쉽지 않다. 아가서의 저자를 솔로몬이라고 주장하는 것은 아가서 1:1뿐만 아니라 1:5, 3:7, 9, 11, 8:11, 12와 열왕기상 4:32에 솔로몬이 노래 천 다섯을 지었다는 기록에 의한 것이다. 그러나 아가서를 솔로몬의 시로 받아들일 수 없는 몇 가지 이유가 있다. 첫째, 솔로몬이 시 가운데 전혀 등장하지 않는다는 점이다. 둘째, 문학적으로 아가서를 한 저자에 의한 통일된 시로 이해하기 힘들다는 이유이다. 라틴어 성경번역인 불가타(Vulgate)역에서는 1:1의 표제어를 생략하였다. [64]

---

63) R. S. Hess, *Song of Songs*, p. 38. 구약성서에 아쉐르 레(~ל אשר)란 표현은 모두 221회 등장한다. 김영진, 『크투빔』, pp. 62-65.

64) R.A. Norris Jr. ed., *The Song of Songs: Interpreted by Early Christian and Medieval Commentators* (Grand Rapids: Eerdmans, 2003), p. 1.

아가서의 마지막 편집자는 아가서의 개방적이며, 국제화, 그리고 관능적 사랑의 묘사가 솔로몬 시대의 부와 가장 잘 어울린다고 생각하여 아가서와 솔로몬을 연결시킨 것으로 이해할 수 있다.

두 연인의 사랑과 열망의 고백(1:2-2:7)

아가서 1:2-2:7은 여자의 노래 네 번과 세 번의 남자의 노래가 서로 교차하면서, 두 연인의 사랑과 열망을 고백하고 있다. 1:2-2:7은 다음과 같이 나눌 수 있다.

1:2-7	**여자의 노래**(1) - 연인에 대한 갈망
1:8-11	남자의 노래(1) - 여인에 대한 찬양과 초대
1:12-14	**여자의 노래**(2) - 향기름 같은 연인
1:15	남자의 노래(2) - 여인의 아름다움에 대한 찬양
1:16-2:1	**여자의 노래**(3) - 낙원에서의 사랑을 노래함
2:2	남자의 노래(3) - 여인을 꽃에 비유함
2:3-7	**여자의 노래**(4) - 목가적인 풍경

여자의 첫 번째 노래(1:2-7)

1:2 내게 입맞추기를 원하니 네 사랑이 포도주보다 나음이로구나 3 네 기름이 향기로워 아름답고 네 이름이 쏟은 향기름 같으므로 처녀들이 너를 사랑하는구나 4 왕이 나를 그의 방으로 이끌어 들이시니 너는 나를 인도하라 우리가 너를 따라 달려가리라 우리가 너로 말미암아 기뻐하며 즐거워하니 네 사랑이 포도주보다 더 진함이라 처녀들이 너를 사랑함이 마땅하니라 5 예루살렘 딸들아 내가 비록 검으나 아름다우니 게달의 장막 같을지라도 솔로몬의 휘장과도 같구나 6 내가 햇볕에 쬐어서 거무스름할지라도 흘겨보지 말 것은 내 어머니의 아들들이 나에게 노하여 포도원지기로 삼았음이라 나의 포도원을 내가 지키지 못하였구나 7 내 마음으로 사랑하는 자야 네가 양 치는 곳과 정오에 쉬게 하는 곳을 내게 말하라 내가 네 친구의 양 떼 곁에서 어찌 얼굴을 가린 자 같이 되랴

여자의 첫 번째 대화는 그녀의 사랑하는 남자에 대한 갈망을 표현하고 있다. 히브리어 본문을 분석하면 매우 다양한 노래가 결합되어 있다. 시 가운데 주어의 위치가 다양하며, 동사는 미완료형(미래형), 완료형(과거형), 명령형, 분사형 등이 다양하게 사용되었다. 2-4절은 모두 10행으로 구성되어 있는데 9행까지는 모두 세 단어로 이루어졌고, 10행만 두 단어로 구성되었다.

2 내게 입 맞추기를 원하니 네 사랑이 포도주보다 나음이로구나

2절의 **입 맞추기**는 히브리어 동사 **나샤크**(נשק)가 사용되었는데, 이 동사는 주로 가족이나 친구와의 입맞춤(창 27:26-27; 삼상 20:41) 혹은 공적인 입맞춤(삼상 10:1; 삼하 15:5)에 사용되는 동사이다. 그런데 이러한 입맞춤이 성적이거나 로맨틱한 의미로 사용된 것은 아가서가 처음이며(아 8:1), 잠언에서도 같은 의미로 사용되었다(잠 7:13). **65)** 여기서 입맞춤은 사랑하는 사람을 유혹하는 구애의 수단으로 사용되었다. **66)** 이처럼 입맞춤이 구애의 수단으로 사용되는 예는 우가릿 문헌에서도 발견된다. **67)** 구약성경에서 입맞춤은 적당한 대답(잠 24:26), 굴복(시 2:12), 화해(시 85:10)의 상징으로 이해되었다.

내게 입 맞추기를 원하니(이샤케나이 미네쉬코트 피후, ישקני מנשיקות פיהו)는 입맞춤의 장면을 생생하게 묘사하는 표현이다. 주석가들은 아가서 1:2에서 입에 입 맞추는 것을 묘사한 것은 고대 이집트에서 코에 입 맞추는 것과 대비하여 육감적인 입맞춤임을 강조하기 위해서라고 설명한다. **68)** 수메르의 엔릴(Enlil)과 닌릴(Ninlil)의 신화에서도 서로 입 맞추는 것이 기록되어 있다. **69)**

---

65) R. S. Hess, *Song of Songs*, p. 48.

66) M.H. Poppe, *Song of Songs*, p. 297.

67) O. Keel, *The Song of Songs*, p. 41.

68) R. S. Hess, *Song of Songs*, (Grand Rapids:Baker Academic, 2005), p. 48.

69) H. Behrens, *Enlil and Ninlil*, (Rome: Biblical Institute Press, 1978), p. 30.

　　사랑으로 번역된 히브리어 **도드**(דּוֹד)는 원래 '사랑스러운 것'
(beloved) 혹은 '연인'(lover)의 의미를 갖고 있다. 따라서 1절 하반절의
의미는 '당신의 연인은 포도주보다 좋습니다' 이다. 그러나 70인역
에서는 히브리어 **도드**를 **마스토스**(μαστόος, 가슴, 유방, breast)로 번역하였
으며, 따라서 그 의미는 "너의 가슴(유방)은 포도주보다 좋습니다"
(your breasts are better than wine)이다.

　　아가서는 1:2 이외에도 빈번하게 연인을 포도주에 비유한다(1:2-4, 7,
4:10, 5:1, 7:10, 8:2). 이처럼 연인을 포도주로 비유하는 것은 포도주가 결
혼 피로연에서의 주연임을 암시하거나 여러 의식 가운데서 포도주
를 마시는 것을 암시한다. 뿐만 아니라 고대 이스라엘에서 포도주는
육감적인 즐거움을 상징하는 것이었다. 포도주는 고대 이스라엘에
서 일반적인 술을 마시는 것으로 인식되었다. 포도주는 이스라엘에
서 많이 생산되었을 뿐만 아니라 오랫동안 보관할 수 있었기 때문에
보편적인 주류로 애용되었다. 그런데 여자는 사랑이 포도주보다 더
즐겁다고 노래한다.[70]

　　포도주는 이스라엘을 대표하는 농산물 가공품 가운데 하나이다.
포도는 주로 7-8월에 수확하는데 종종 여름 과실로 표현되기도 한
다. 고대 이스라엘에서 포도는 주로 포도주를 만드는데 사용하였으
며, 포도는 이스라엘을 나타내는 은유적 표현으로 많이 사용되었다

70) R. E. Murphy, *The Song of Songs*, p. 127.

(렘 2:21, 겔 15:6, 호 10:1 등). 또한 사람이 포도나무 아래 앉아 있는 모습을 평화와 부의 상징으로 표현하기도 하였다(왕상 4:25, 미 4:4). 그리고 이스라엘에서 오래 전부터 포도를 생산했다는 사실은 학자들의 연구 결과 이미 널리 알려졌다. 주전 3천 년대에 여리고와 아라드에서 포도 재배의 흔적이 발견되었을 뿐만 아니라 이스라엘 최초의 농사력인 게젤 달력(Gezer Calendar)에도 포도 재배에 관하여 기록하고 있다(본문에는 '여름 과일'로 기록되어 있음).

이사야 5장의 포도원의 노래를 바탕으로 포도 농사과정을 다음과 같이 정리할 수 있다. ① 밭의 가시덤불을 제거한다. ② 땅을 파서 ③ 돌을 제하고 ④ 돌로 담을 쌓는다. ⑤ 돌 담 위에 덤불을 놓는다. ⑥ 포도나무를 심고 ⑦ 포도나무에 물을 준다. ⑧ 포도나무 사이를 판다. ⑨ 겨울에 포도나무 가지를 친다. ⑩ 망대를 세우고 ⑪ 술틀을 파고 ⑫ 포도를 수확한다.

고고학 발굴 결과 기브온(Gibeon)에서 포도주 공장을 발견하였다. 프리촤드(Prichard)에 의하면 이곳에서 생산되는 포도주의 양이 약 94,500리터이며 약 63개의 포도주 저장고에 보관되어 있었다고 한다. 포도주는 각종 축제나 종교적인 제의 때 마셔야 하는 것으로 이스라엘 사람들의 삶과 밀접한 관련을 맺고 있다. 특히 민수기 15:1-10의 전제(Libation Offerings)의 규정을 보면 번제로 바쳐지는 동물의 종류에 따라 각기 다른 양의 포도주가 드려지는 것을 볼 수 있다. 뿐만 아니라 탈

무드의 규정에 의하면 유월절 때 유대인들은 네 잔의 포도주를 마시게 되어 있다.[71]

고대 근동에서 가장 좋은 포도주 가운데 하나는 헬본 포도주였다 (겔 27:18). 즉 다메섹 북쪽 18㎞에 위치한 헬본(Helbon) 지역에서 생산된 포도주가 최상의 포도주였다. 따라서 느부갓네살 왕 때에도 헬본 지역에서 포도주를 가져갔다는 기록이 있다.

시편 57-59편과 같이 '알다스헷' (문자적인 뜻은 "부수지 말라" 이다)에 맞춘 노래가 등장하는데 '알다스헷' 으로 시작하는 노래는 포도 수확기에 부르던 노래로 추정된다. 또한 시편 8, 81, 84편의 '깃딤에 맞춘 노래' 라는 표제어가 붙은 시편이 있는데 '깃딤' 으로 시작하는 노래는 아마도 고대 이스라엘 사람들이 포도주를 만들기 위해 포도를 발로 밟으면서 부르던 노래였던것 같다. 이처럼 고대 이스라엘 사람들에게 있어서 포도 농사와 포도주를 만드는 것은 널리 알려진 삶 가운데 하나였음을 보여준다. 올리브기름이나 포도주를 만들 때 가장 필요한 것은 올리브를 짜는 프레스(Press)이다.

아가 1:2은 여인의 노래로 '그가 내게 그의 입을 맞춰주었으면(그가 내게 입 맞춰주었으면)! 당신의 연인은 포도주보다 좋다' 란 의미이다. 즉

71) 유월절에 포도주는 (1) 유월절 식사 시, (2) 할렐(Hallel; 찬양)을 시작하면서 "구원을 축복하며"를 외치며 두 번째 잔을 마시며, (3) 식사 후 감사기도 시 세 번째 잔을 마시고 마지막으로 할렐을 마칠 때 네 번째 잔을 마신다. N. Martola, "Passover Haggadah," J. Neusner, A. J. Avery-Peck and W. S. Green eds., *The Encyclopaedia of Judaism III*, (Leiden: Brill, 2000), pp. 1052-1062.

그녀가 연인에게 입을 맞추어야 하는 이유는 입맞춤이 포도주보다 좋기 때문이라는 것이다. 2절의 입맞춤, 구애 그리고 포도주 등이 합하여 독자로 하여금 시에 빠져들도록 만들고 있다. 그러나 포프는 '당신의 연인은 포도주보다 좋다' (토빔 도데이카 미야인, טובים דדיך מיין)라는 번역대신 '당신의 연인은 포도주 보다 달다' 라고 번역하였다. 왜냐하면 히브리어 표현 가운데 **야인 토브**(יין טוב) 즉, 포도주가 좋다는 것은 '맛 좋은 포도주' 혹은 '단 포도주' 를 뜻하기 때문이다. 따라서 2절의 의미는 '당신의 연인은 포도주보다 달다' 가 된다.[72]

포도주 맛의 달콤함에 대하여 호메로스(Homeros)의 『일리아드(Iliad)』에는 포도주를 신이 내린 선물로 꿀같이 달콤하다고 묘사하고 있다. 더 나아가 포도주 맛을 모르는 사람은 곧 인생의 멋을 모르는 사람으로 여겨졌다.

> 3 네 기름이 향기로워 아름답고 네 이름이 쏟은 향 기름 같으므로 처녀들이 너를 사랑하는구나

3절의 **네 기름이 향기로워 아름답고 네 이름이 쏟은 향 기름 같으므로 처녀들이 너를 사랑하는구나**에서 강조하는 것은 이름이다. 3절의 **기름**은 '향수' 를 의미한다. **이름**이란 히브리어로 **쉠**(שם)이며 히브리어 알파

72) M.H. Poppe, *Song of Songs*, p. 298.

벳 가운데 **쉰**(ש)으로 사용된다. 그런데 이 알파벳은 기름을 뜻하는 **쉐멘**(שמן)의 **쉰**(ש)과 같아 시인이 음성학적인 연결성을 강조하고 있는 듯하다.

쏟은 향기름(쉐멘 투락, שמן תורק)의 원어적인 의미는 '부어진 향유(기름)'란 뜻으로, 이때 향유의 향기가 퍼지는 것처럼 연인의 좋은 명성이 널리 퍼지는 것을 비유한 것이다. 네 이름이 향유의 향기가 퍼지듯이 널리 퍼지기를 바라는 의미를 담고 있다. 따라서 기름은 종종 사랑의 분위기나 남녀의 안녕을 표현하기도 한다.[73]

구약 시대의 향수와 향유는 성전에서 분향하거나 시신 처리 및 제사를 위한 장례용과 약용과 화장품 등으로 다양하게 사용되었다. 향품은 그 가치가 대단히 높아서 가격도 비쌌다. 역대상 9:29-30에 의하면 레위 자손 가운데 향품과 향기름을 제조하는 관리가 별도로 있었다. 구약성경 시대의 향료의 원산지는 주로 길르앗 지방과 아라비아 지역이었다. 고대 시대의 향품은 가루나 연고, 액체나 기름의 형태로 만들어졌다. 향품은 주로 식물의 꽃과 수액과 송진과 식물기름 그리고 짐승의 기름에서 추출했다. 초기의 향품 제조방법은 식물의 꽃이나 줄기를 천에 넣어 짜서 사용하였으나 즈전 10세기부터는 올리브와 같은 식물성기름을 추출하는 기술이 발달하기 시작하였다. 새로이 발달한 향유 제조법은 동물성 기름을 두른 두 개의 나무판 사이로

---

73) R. E. Murphy, *The Song of Songs*, p. 127.

재스민이나 장미 꽃잎들을 집어넣고 하루 지난 다음에 다시 꽃잎을 갈아주는 식으로 일주일 정도 반복하게 되면 꽃향이 베어든 포마드(pomade) 형태의 향유가 생산되었다. 또 다른 향유 제조법은 포도주나 물을 섞은 올리브기름에 방향재료를 잘게 썰어 넣고 65℃ 정도로 중탕을 하여 고운체로 쳐서 용기에 담으면 향기로운 향유가 되었다.

이렇게 제조된 향유는 그 값이 매우 비싸 소량으로 거래되었다. 그리고 이 향유를 담는 아름다운 토기들도 만들어졌다. 향수나 연고 등을 위한 병들은 차가운 온도를 유지하기 위하여 주로 단단한 돌이나 알라바스터(alabaster)나 파이앙스(faience) 등으로 만들었다. 가나안 지역에서는 서양 배 모양의 향수병이 개발되었다. 또 사이프러스에서는 양귀비 모양의 향수병이 만들어졌다. 초기 유리 향수병은 원뿔모양(Coneformed)의 유리병이 주를 이루었다. 고고학적으로 엔게디 지역에서 향수 제조시설로 추정되는 것이 발견되었다. 향수를 만드는 과정에 관한 그림이 현재 남아 있다.[74]

셈어를 사용하는 세계에서 **이름**(쉠, שם)은 그 이름을 가진 자의 본질을 나타낸다.[75]

처녀(알마, עלמה)는 성적 성숙을 지닌 자로서 결혼할 수 있는 처녀를 의미한다. 포프(M.H. Poppe)는 히브리어 **알마**(עלמה)가 성적인 경험이 없

74) 김영진, 『이스라엘 역사』(서울: 이레서원, 2006), pp. 84-85.
75) M.H. Poppe, *Song of Songs*, p. 300.

는 여인을 의미한다고 주장하지만,[76] 그러나 어원론적으로 알마는 처녀(girl) 혹은 젊은 여인(young woman)라는 뜻이다. 그런데 이 단어의 번역이 중요한 것은 이사야 7:14의 경우이다.

1:3의 의미는 '정녕 당신의 기름 향기는 싱그럽고 당신의 이름은 부어놓은 향유이다. 그러므로 젊은 여자들이 당신을 사랑한다' 이다.

1:2-4은 여인의 사랑에 대한 갈망을 표현하고 있다.

> 4a 왕이 나를 그의 방으로 이끌어 들이시니 너는 나를 인도하라 우리가 너를 따라 달려가리라

4a절의 **이끌어**(마사크, משׁך)로 번역된 히브리어의 의미는 '끌다'(to pull, drag)이다.

4절에서 쓰인 여인과 왕 사이의 사랑에 대한 묘사는 문학적인 장치이다. 이처럼 여인과 왕과의 사랑이라는 문학적 장치를 통하여 여인은 왕의 모습에서 자신의 연인의 모습을 발견하고, 또 왕은 자신의 연인인 여자가 왕궁의 어떤 여인들보다 우월하다고 말한다(8:11-12). 이러한 문학적 장치는 아가서에서 매우 중요한 역할을 하며, 특히 서로 다른 시적인 요소를 결합한다.[77]

왕(멜렉, מלך)은 여호와나 예수를 은유적으로 표현한 것이다.[78]

76) M.H. Poppe, *Song of Songs*, p. 301.
77) R. E. Murphy, *The Song of Songs*, p. 83.

1:4a는 여자의 말로 그 의미는 '나를 끌어주라. 우리 네 뒤를 쫓아 달려가자. 왕이 나를 자신의 방으로 데려간다' 이다.

4b 우리가 너로 말미암아 기뻐하며 즐거워하니 네 사랑이 포도주보다 더 진함이라 처녀들이 너를 사랑함이 마땅하니라

네 사랑이 포도주보다 더 진함이라(나즈키라 도데이카 미야인, נזכירה דודך מיין)고 번역된 것은 '너의 사랑하는 자가 포도주보다 더 기억됨이라' 로 번역하는 것이 더 바람직하다. 또한 **마땅하니라**(메이샤림, מישרים)로 번역된 히브리어의 의미는 '정직하게' (with justice), '올바름' (uprightness)이다.

1:4b는 친구들의 말로서 그 의미는 '우리는 당신으로 기뻐하고 즐거워하며 너의 사랑을 포도주보다 더 기억하리다. 그들이 당신을 사랑함은 당연하지요' 이다.

5 예루살렘 딸들아 내가 비록 검으나 아름다우니 게달의 장막 같을지라도 솔로몬의 휘장과도 같구나

예루살렘의 딸들(브노트 예루샬라임, בנות ירושלם)처럼 **바트**(בת) 혹은 복수형인 **브노트**(בנות)와 도시 혹은 지명이 결합된 예가 구약성경에서 발견된다. 시온의 딸(바트 찌온, בת ציון, 사 1:8), 에돔의 딸(바트 에돔, בת אדום, 애

78) M.H. Poppe, *Song of Songs*, p. 303.

4:21-22), 시돈의 딸(바트 쪼르, בת-צור, 시 45:13), 유다의 딸(바트 예후다, בת יהודה, 애 2:2-5), 애굽의 딸(바트. 미쯔라임, בת מצרים, 렘 46:24) 등이다.

5절의 **아름다우니**(나아베, נאוה)라고 번역된 히브리어 단어 **나아베**(נאוה)의 의미는 '아름다운'(beautiful)이다. 특히 아가서에서 **나아베**는 젊은 여인의 외모의 미적 아름다음을 묘사하는 단어로 사용되었다.[79] 여자는 자신의 아름다움을 솔로몬의 휘장에 비유하였다.

뿐만 아니라 자신의 **검은**(스호라, שחורה) 피부를 게달의 장막에 비유하였다. 이처럼 피부색을 검정의 게달의 장막과 비교하는 것은 매우 이극적이다.[80]

구약성경에서 검정색은 이중적인 의미를 가진다. 욥기 30:30이나 예레미야 애가에서는 병을 상징하는 것으로 사용되었지만 검정색 머리는 건강, 활기, 젊음을 상징한다(레 13:31, 37; 전 11:10; 시 110:3; 아 5:11). 아가서 6:7과 예레미야애가 4:7에 의하면 건강한 것과 아름다움은 흰색이나 붉은 색으로 묘사된다. 이처럼

여리고 근처의 유목민 천막

79) K. -M. Beyse, "נאה," *TDOT* 9, pp. 108-109, esp. 109.
80) R. E. Murphy, *The Song of Songs*, p. 128.

검정색 특히 피부가 검은 것이 긍정적인 의미로 사용된 것은 바벨론 포로 이후 이스라엘 백성들이 타민족과 혼혈되면서 검정색 피부의 이스라엘 백성들이 생겨서 이들에 대한 긍정적인 평가를 위하여 검정색에 대한 긍정적인 의미가 강조되었다.

게달(케다르, Qedar, קדר)은 아라비아 북쪽에 위치한 부족으로 이스마엘의 후손과 관련되어 있다(창 25:13, 사 21:16, 42:11, 렘 2:10, 49:28, 겔 27:21, 시 120:5). 어근 √קדר은 '어두움'(darkness)이라는 의미를 갖고 있다. [81]

휘장(여리아, יריעה)은 걸게, 커튼 혹은 색 실로 짠 태피스트리(tapestry) 같은 것 혹은 염소 털로 만든 '천막'을 의미한다(tent-fabric of goat-hair). 히브리어 본문의 **솔로몬의 휘장**(예리오트 슐로모, יריעות שלמה)이란 표현에서 솔로몬 대신 역대상 2:11의 살마(שלמה, Salmah)나 룻기 4:20의 살몬(שלמן, Salmon)으로 읽기도 한다. 살마는 페트라(Petra) 지역에 나바트 사람(Nabateans)보다 먼저 거주했던 부족들이다. 이처럼 솔로몬의 휘장을 살마의 휘장으로 읽는 것은 이렇게 읽는 것이 문학적으로 게달의 장막과 평행을 이루기 때문이다. [82]

5절은 문학적 기교에 있어서 극단적인 것을 서로 비교하는 방식을 사용하였다. 그러나 문학적으로 검정색(검음)을 아름다움과 비교했다면 게달의 장막을 솔로몬의 휘장에 비교한 것은 당연하다.

81) M.H. Poppe, *Song of Songs*, p. 319.
82) M.H. Poppe, *Song of Songs*, p. 320.

1:5은 여자의 말로서 그 의미는 '예루살렘 아가씨들이여 나 비록 가뭇하지만 어여쁩니다. 게달의 천막처럼 솔로몬의 휘장처럼' 이다. 따라서 5절은 여인의 자기 자존감을 나타낸다.

> 6 내가 햇볕에 쬐어서 거무스름할지라도 흘겨보지 말 것은 내 어머니의 아들들이 나에게 노하여 포도원지기로 삼았음이라 나의 포도원을 내가 지키지 못하였구나

6절은 여인이 햇빛으로부터 자신을 보호하지 못했을 뿐만 아니라 포도원 역시 지키지 못했음을 말하고 있다. 6절은 이스라엘의 지리적 특성을 분명하게 보여주고 있다. 고대 이스라엘은 지중해성 기후로 건기(4-10월 경)에는 일조량이 많아 피부가 자연스럽게 그슬리는데, 본문에서는 햇볕에 쬐였기 때문에 더 거무스름해졌음을 나타낸다.

6절에는 **포도원**에 관한 언급이 있는데 이스라엘을 대표하는 농사

가운데 하나가 바로 포도 재배이며, 이를 가공한 포도주는 농업 가공품 중 가장 유명하다. 포도를 의미하는 히브리어는 **게펜**(גפן, '포도나무') 혹은 **아나빔**(ענבים, '포도')이다. 포도는 주로 7-8월에 수확하기 때문에 종종 여름 과실로 표현된다. 고대 이스라엘에서 포도는 주로 포도주를 만드는데 사용되었다. 신명기 28:39에 "포도원을 심고 가꿀지라도 벌레가 먹으므로 포도를 따지 못하고 포도주를 마시지 못할 것이며"라고 기록된 것을 보면 포도로 포도주를 만들었음을 알 수 있다. 사무엘하 16:1에서는 포도로 건포도(히브리어로 **지무킴**, צמקים)도 만들었음을 알 수 있다.

거무스름할지라도(스하르호르, שחרחר)라는 단어는 구약성경에 단 한번만 등장한다. **스하르호르**(שחרחר) 형태에 대하여 포프는 **샤하르**(שחר)의 지소사(指笑詞) 형태라고 설명한다.[83]

흘겨보지 말 것(알 티르우니, אל תראוני)은 너무 검기 때문에 경멸적으로 보지 말라는 뜻이다. 원래 문자적인 의미는 '나를 쳐다보지 말라'는 뜻이다.

1:6의 의미는 '내가 가무잡잡하다고 빤히 보지 말아요. 햇볕에 그을렸을 뿐이니까요. 어머니의 아들들(오빠들)이 나에게 화를 내며 나를 포도원지기로 만들어 내 포도밭은 지키지도 못하였습니다' 이다.

---

83) M.H. Poppe, *Song of Songs*, p. 322. 지소사(指笑詞)란 어떤 단어의 의미보다 더 작은 것을 나타낼 때 사용하는 형태이다.

7 내 마음으로 사랑하는 자야 네가 양 치는 곳과 정오에 쉬게 하는 곳을 내게 말하라 내가 네 친구의 양 떼 곁에서 어찌 얼굴을 가린 자 같이 되랴

유대 광야의 양 떼

내 마음으로(네프쉬, נֶפֶשׁ)라는 표현을 사용한 것은 그녀가 연인을 진심으로 사랑하는 것을 보여주기 위해서이다.[84] 따라서 포프(M.H. Poppe)는 '내 마음으로 사랑하는 자'를 '나의 진실된 사랑'(my true love)이라고 번역하였다.[85] 뿐만 아니라 히브리어 네페쉬(נֶפֶשׁ)가 사람 전체를 뜻하기도 하기 때문에 이 단어를 사용한 것은 여인의 완전한 갈망을 묘사한다.[86] 따라서 내 마음으로 사랑하는 자란 자신의 전 존재를 통하여 사랑하는 자라는 뜻으로 매우 사랑한다는 의미이다. 이

---

84) R. E. Murphy, *The Song of Songs*, p. 131.
85) M.H. Poppe, *Song of Songs*, p. 328.
86) O. Keel, *The Song of Songs*, p. 52.

표현은 사무엘상 20:17에도 언급되며, 아가서 3:1-4에서 반복적으로 등장한다. **내 마음으로 사랑하는 자**라는 표현은 두무지-인안나 사랑 노래 가운데 '새색시의 꿈' 에서 인안나가 두무지에 대하여 '내 마음의 사람' 이라고 표현하는 것과 유사하다.[87]

얼굴을 가린 자(오트야, עטיה)는 히브리어를 문자적으로 해석해보면 '가린 자' (someone veiled) 혹은 '길 잃은 자' (someone who is lost)란 의미를 가지고 있다.[88] 그런데 본문의 상황으로 얼굴을 가린 자란 해석보다는 '헤매는 여자' 라고 번역하는 것이 바람직하다. 그런데 여인이 얼굴을 가린 것은 다음 몇 가지의 경우이다. 첫째는 슬퍼하고 있다는 표시이다(삼하 15:30). 뿐만 아니라 창세기 38:14-15에 의하면 얼굴을 가린 자란 창녀를 의미한다. 그런데 아가서 1:7의 얼굴을 가린 자는 이 두 가지 경우에 해당되지 않는다. 따라서 앞에서 제시한 것처럼 얼굴을 가린 자를 '길 잃은 자' 로 이해하고 해석하는 것이 바람직하다. 따라서 일부 영어 번역에서는 '방황하는 자' (wanderer)로 번역한다(NAB, NKJV).

양 떼(에드리, עדרי)로 번역한 히브리어 **에데르**(עדר)는 '동물의 떼' (herd) 혹은 '사람들의 무리' 라는 의미를 가지고 있다.[89] 에데르를 동물의 떼로 번역하면 '네 친구의 양 떼' 로 번역한 한글개역정판의 번역이

---

87) 조철수, 『수메르 신화』, p. 253
88) *HALOT*, p. 814.
89) *HALOT*, p. 793.

맞으나, '사람들의 무리' 로 번역하면 '네 친구들의 무리 사이' 로 번역할 수 있다.

정오(쪼호라임, םירהצ)는 일반적으로 낮잠 자는 시간이다.[90]

친구(하베림, םירבח)는 8:13에서 다시 한 번 사용되는데 7절에서의 의미는 '목자' (shepherd)이다.

7절에서 여자는 연인이 낮에 어디서 쉬는가를 알고 싶어 한다. 왜냐하면 여인은 자신의 연인을 보기 위해서이다.

1:7은 여자가 남자에게 하는 말로서 그 의미는 '나에게 말하시오. 영혼이 사랑하는 이여, 내게 알려주세요. 당신이 어디에서 양을 치고 계시는지, 낮에는 어디에서 양을 쉬게 하시는지. 그러면 나는 당신 친구들의 가축 사이를 헤매는 여자가 되지 않을 거예요' 이다.

아가 1:7에서 여자의 연인이 목동으로 묘사된 것은 수메르의 사랑노래인 두무지-인안나 사랑노래에서 두무지가 양치는 사람으로 묘사된 것과 관련이 있는 것 같다.[91]

---

90) M.H. Poppe, *Song of Songs*, p. 329.
91) 조철수, 『수메르 신화』, pp. 236-269의 노래를 참고하시오.

남자의 첫 번째 노래(1:8-11)

1:8 여인 중에 어여쁜 자야 네가 알지 못하겠거든 양 떼의 발자취를 따라 목자들의 장막 곁에서 너의 염소 새끼를 먹일지니라 9 내 사랑아 내가 너를 바로의 병거의 준마에 비하였구나 10 네 두 뺨은 땋은 머리털로, 네 목은 구슬 꿰미로 아름답구나 11 우리가 너를 위하여 금 사슬에 은을 박아 만들리라

1:8-11은 여자의 갈망함에 대한 남자의 대답이 기록되어 있다. 구조적으로 8절과 9-11절은 잘 어울리지 않는다. 8절은 여인의 질문(7절)에 대한 대답이 기록되어 있고, 9-11절은 여자의 아름다움을 노래하고 있다.

8 여인 중에 어여쁜 자야 네가 알지 못하겠거든 양 떼의 발자취를 따라 목자들의 장막 곁에서 너의 염소 새끼를 먹일지니라

8절이 누구의 노래냐 하는 것은 학자들의 논쟁거리이다. 그러나 머피는 7절의 질문이 여자가 남자에게 한 질문이었기 때문에 8절은 분명히 남자의 대답이라고 주장한다.[92]

양떼의 발자취(에크베이 하쬔, בעקבי הצאן)는 '양떼의 발자국' (footprint)으로 번역하는 것이 더 바람직하다. 이스라엘 유대 광야의 산기슭에 양들

이 지나다닌 발자국이 남아 있는 것을 볼 수 있는데 양떼의 발자국은 그런 상황을 묘사한 것이다.

염소새끼(그디야, גְּדִיָּה)는 원래 '암염소' 란 의미로도 사용되는 단어이다. 특별히 아가 1:8에서 **그디야**란 단어가 사용된 것에 대하여 로레츠(O. Loretz)는 새끼염소가 사랑의 상징이라고 주장한다(창 38:17; 삿 15:1).[93] 우가릿어에서 발견된 상아 조각에는 상체를 벗은 여신이 염소를 먹이는 것이 새겨져 있다.

1:8은 친구들의 말로서 그 의미는 '네가 만일 모르고 있다면, 여인들 가운데 아름다운이여! 양 떼의 발자국을 따라가다 너의 새끼염소들이 목자의 장막들 옆에서 풀을 뜯게 하오' 이다.

9 내 사랑아 내가 너를 바로의 병거의 준마에 비하였구나

9-11절은 남자가 여인의 아름다움을 이집트 병거의 화려함에 비유하고 있다. 따라서 시의 장르적인 측면에서 이 부분은 찬양시에 해당한다. 특히 이 부분에서는 여인 자체의 아름다움보다는 여인의 장

92) R. E. Murphy, *The Song of Songs*, p. 134; R. Gordis, *The Song of Songs and Lamentations*, p. 47; A. Bea, *Canticum Canticorum Salomonis: quod hebraice dicitur šîr Haššîrîm*, (Rome: Pontifical Biblical Institute, 1953), p. 28.

93) O. Loretz, *Studien zur althebraeischen Poesie 1: Das althebraeische Liebeslied. Untersuchungen zur Stichometrie und Redaktionsgeschichte des Hohenliedes und des 45. Psalms*, AOAT 14/1 (Neukirchen-Vluyn: Neukirchener, 1971), p. 8.

식 – 땋은 머리, 구슬 꿰미, 금 사슬 등 – 의 아름다움에 초점을 맞추고 있다.

내 사랑아(라이야, רעיה)로 번역된 히브리어 라이야는 특별히 사모하는 여자에게 사용하는 용어이다. 특히 신랑이 신부를 부르는 호칭으로 사용된다.**94)** 이 표현은 아가서에서만 사용된다(아 1:9, 15, 2:2, 10, 13, 4:1, 7, 5:2, 6:4).**95)**

바로의 병거를 끄는 이집트 말의 장식

바로의 병거의 준마(수사티 베리크베이 파르오, סוסתי פרעה ברכבי)란 이집트의 바로가 끄는 병거의 말들이 화려하게 장식하고 있는 것을 의미한다. 그러나 아가 1:9에서 남자가 연인의 아름다움을 병거에 비교하는 것은 익숙한 것은 아니다. 일반적으로 이집트의 사랑노래에서 남자를 병거의 말에 비유한다. 즉 말처럼 빠르게 연인에게 다가오는 남자를 묘사하기 위한 것이다.**96)** 또 하나 특이한 것은 이스라엘 여인의 아름다움을 이

94) M.H. Poppe, *Song of Songs*, p. 341.
95) R. E. Murphy, *The Song of Songs*, p. 131.

방의 것과 비교한다는 점이다. 이러한 사실은 아가서가 불려질 당시 고대 이스라엘 문학에서 이방적 요소가 첨가되는 것이 매우 자유로웠음을 보여준다(게달의 장막).

1:9은 '바로의 마차의 말에 너를 비교한다. 나의 애인이여(친구여 혹은 신부여)' 라는 의미를 갖고 있다.

10 네 두 뺨은 땋은 머리털로, 네 목은 구슬 꿰미로 아름답구나

땋은 머리털(베토림, בחרים)은 '귀걸이로 장식된' 으로 번역해야 한다. 히브리어 **토르**(תור)는 여자의 얼굴을 장식하는 귀걸이 같은 원형 형태의 장식품을 의미한다.[97] 또한 **구슬 꿰미**(하루짐, חרוזים)는 구멍을 뚫어서 끈처럼 엮는 것을 의미한다. 따라서 히브리어 **하루짐**(חרוזים)은 '(조개) 목걸이' 로 번역해야 한다.

1:10은 남자가 여인의 얼굴과 목의 아름다움을 노래하며, 그 의미는 '귀걸이로 장식된 너의 뺨과 조개 목걸이로 꾸며진 너의 목이 아름답다' 이다. 10절에서 여인의 아름다움을 장식이나 치장함에서 찾는 것은 당시 이스라엘이 물질 중심적인 사회로 변화하였음을 보여준다.

11 우리가 너를 위하여 금 사슬에 은을 박아 만들리라

96) R. E. Murphy, *The Song of Songs*, p. 134.
97) R. E. Murphy, *The Song of Songs*, p. 131.

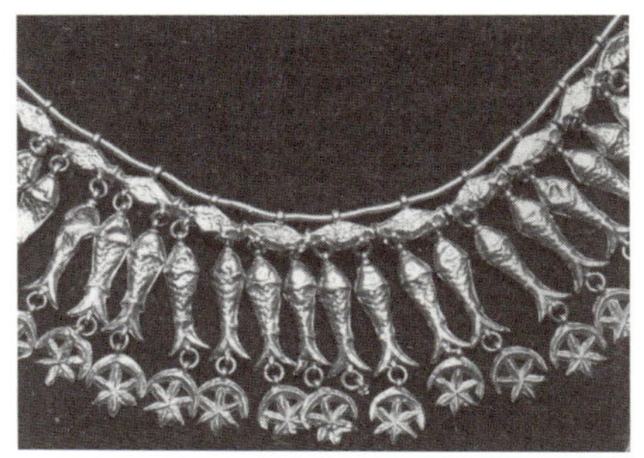

금으로 만든 물고기 모양의 목걸이

금 사슬(토레이 자하브, זהב תורי)은 '금으로 만든 작은 장식품'(spangle)[98] 혹은 '금으로 만든 펜던트'(gold pendants)를 뜻한다.[99] 금 사슬에 은을 박아라는 표현 '금으로 만든 귀걸이에 은이 박힌'의 의미이다. 즉 은을 박았다는 것은 은이 점처럼 박혀있는 모습을 말한다.

1:11의 의미는 '우리는 너를 위하여 은이 박힌 금 펜던트(금 사슬 혹은 금 장식품)를 너에게 만들어 주리다'이다.

구약 시대의 금 산지는 오빌(Ophir), 이집트, 수단 남동쪽에 위치한 하윌라 등이다. 이러한 사실은 열왕기상 9:28과 텔-카실레(Tel Qasile)에서 발견된 오스트라카에 새겨진 '오빌의 금'이라는 표현을 보면 구약성경 시대 때 오빌이 금의 산지였음을 말해준다. 그러나 고고학적인 발굴에서 금으로 된 보석류가 많이 발견되지 않는다. 중기청동기 제2기 B-C(주전 1800/1750- 1550년) 시대에 금박으로 된 여성 신상이 게젤에서 발견되었다. 또한 금으로 된 메달(pendant)이나 밴드가 텔 엘 아줄(Tell el-Ajjul)에서 발견되었다.[100] 고대 이스라엘 사람들은 금을 다

98) M. H. Poppe, *Song of Songs*, pp. 345-346.
99) *HALOT*, p. 1709.

음의 일곱 종류로 나눈다. 좋은 금(창 2:12), 오빌의 금(왕상 10:11), 정금(fine gold 왕상 10:18),[101] 쳐서 늘인 금(왕상 10:17), 정금(pure gold 왕상 6:20),[102] 그리고 바르와임 금(대하 3:6)[103] 등이다.

금을 세공하는 방법에는 두 가지가 있다. 첫째는 금을 해머로 쳐서 얇게 펴는 기술(출 39:3)과 둘째는 금을 녹여서 주조하는 것이다(출 25:12). 금은 녹이는 절차를 거쳐 순도를 높일 수 있다.

구약성경에는 다양한 금의 사용을 언급하고 있다. 고대 이스라엘에서 금은 보석으로 여겨졌으며(창 24:22) 동시에 부의 상징으로 나타난다. 아가서에 등장하는 금으로 만든 번쩍이는 장식은 아마도 금을 녹여서 거푸집에 부어 만든 것으로 보인다.

여자의 두 번째 노래(1:12-14)

1:12 왕이 침상에 앉았을 때에 나의 나도 기름이 향기를 뿜어냈구나 13 나의 사랑하는 자는 내 품 가운데 몰약 향주머니요 14 나의 사랑하는 자는 내게 엔게디 포도원의 고벨화 송이로구나

100) A. Mazar, *Archaeology of the Land of the Bible*, p. 221.
101) 정금 가운데 fine gold는 빛이 반짝이는 금이라는 뜻이다.
102) 정금 가운데 pure gold는 금의 순도가 높은 금을 뜻한다.
103) 바르와임이란 소의 피와 같은 붉은 색을 띤 금이라는 뜻을 갖기도 하지만 바르와임을 산지(産地) 명으로 보는 경우도 있다.

나도 꽃

1:12-14은 여자의 노래로 평행법을 사용하여 자신의 연인을 향품의 향기로 비유하고 있다. 또한 1:4과 마찬가지로 여자는 자신의 남자를 왕으로 묘사하고 있다.[104]

12 왕이 침상에 앉았을 때에 나의 나도 기름이 향기를 뿜어냈구나

12절에서 가장 어려운 부분은 침상으로 번역된 히브리어 단어 **메사브(מסב)**를 어떻게 번역하느냐이다. 히브리

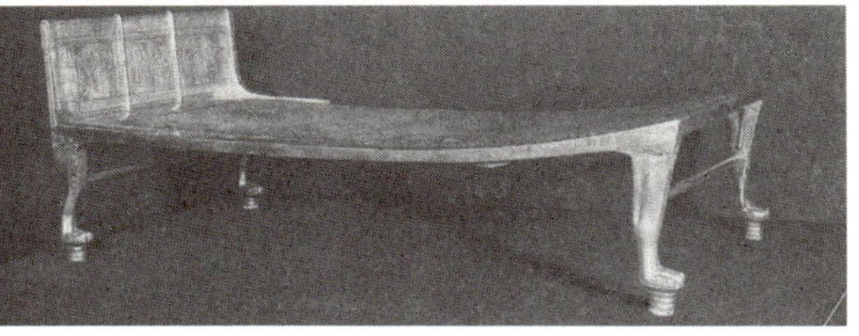

금으로 만든 이집트 왕의 침상

어 **메사브**는 '긴의자'(couch)란 뜻과 '잔치,' '연회'(banquet)란 뜻을 함께 가지고 있다.[105] 따라서 **메사브**를 의자로 이해할 때, **왕이 침상에 앉아 있는 것으로 보아** 다음과 같은 두 가지 번역이 가능하다. 즉 '왕이 그의 의자에 앉아 있을 때' 혹은 '왕이 그의 의자에 누웠을 때'이다. 왜냐하면 긴 의자(couch)는 거의 누울 수 있는 의자이기 때문이다. 그

104) M. H. Poppe, *Song of Songs*, p. 135.
105) *HALOT*, p. 604.

러나 **메사브**를 잔치나 연회로 이해할 때 **왕이 침상에 앉았을 때**는 '왕이 그의 잔치 자리에 앉아 있을 때' 로 번역할 수 있다. 그런데 히브리어 **메사브**는 매우 관능적인 의미를 나타내기 위하여 사용되었다. 왜냐하면 왕이 여인의 향기를 맡을 정도로 가깝다는 것을 의미하기 때문이다.[106] 본문에 왕이 등장하는 것은 여인의 가장 이상적인 연인(남자)상이 왕이기 때문이다.[107] 본문에서는 침상의 재질에 대해서는 언급하지 않고 있지만 상아침대를 연상할 수 있다. 아모스 6:4에 의하면 상아를 붙인 상아침대에 대하여 언급하고 있기 때문이다.

나도기름(나르드, נרד)을 뜻하는 히브리어 **나르드**는 산스크리트(Sanskrit)어 **날라다스**(naladas)에서 유래되었으며, 최음제로 사용되었다. 그 기원을 인도에서 찾을 수 있다.

뿜어냈구나로 번역된 히브리어 **나탄**(נתן) 동사는 그 의미가 '공기를 채우다'(filled the air with~)이다.

1:12에서도 여자는 자신의 연인을 왕으로 묘사하고 있으며, 그 의미는 '왕이 잔치 자리에 앉아 있는 동안 나르드(나도기름)가 향기를 피우네' 이다. 즉 남자가 있음으로 향기로운 냄새가 진동한다는 뜻이다.

---

106) T. Longman III, *Song of Songs*, p. 105.
107) R. S. Hess, *Song of Songs*, p. 67.

13 나의 사랑하는 자는 내 품 가운데 몰약 향주머니요

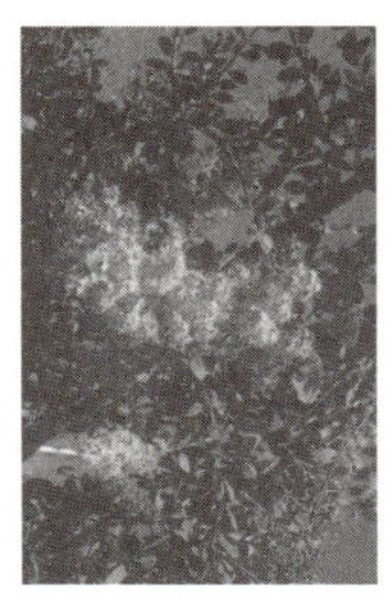

고벨화(헤나꽃)

헤나 염색 장면

몰약 주머니(쯔로르 하모르, צְרוֹר הַמֹּר)는 여자의 연인에 대한 은유적인 표현이다. 일반적으로 몰약기름은 목욕 후 몸에 바르기도 한다. 몰약은 제사장들에게 기름을 붓는 거룩한 기름(출 30:23)인 동시에 성욕을 자극하는 향을 낸다.[108] 따라서 사랑하는 자를 몰약 향주머니로 비유한 것은 이중적 의미를 내포하고 있다.

나의 사랑하는 자는 내 품 가운데 몰약 향주머니요는 '내 연인은 나에게 몰약 주머니, 내 가슴 사이에서 잤다' 라고 번역해야 한다. 13절을 은유적으로 해석하는 경우, 가슴 사이에 누워 있는 모습이 신약과 구약 사이에 누워 있는 성도를 의미하고, 향은 그리스도를 의미한다고 설명하기도 한다.[109]

108) O. Keel, *The Song of Songs*, p. 65.

1:13은 여자의 노래로 그 의미는 '내 연인은 나에게 몰약 주머니, 내 가슴 사이에서 잤다' 이다.

14 나의 사랑하는 자는 내게 엔게디 포도원의 고벨화 송이로구나

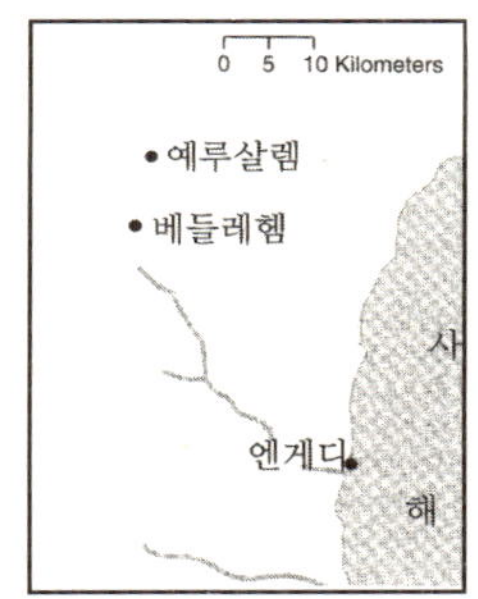

사해 근처 엔게디

1:14의 **고벨화**(코페르, כֹּפֶר)는 '헤나'(henna)를 의미하며, 염색으로 사용되었다. 그러나 히브리어 코페르는 '들꽃'(wild flower)으로 번역되기도 한다. [110] 왜냐하면 고대 이스라엘에서 고벨화가 염색약으로 사용되었는지 불분명하기 때문이다.

엔게디는 다윗이 사울을 피해 도망할 때 숨었던 곳(삼상 23:29)으로 은밀한 곳을 상징적으로 나타내는 표현이다. [111]

1:14은 여자의 노래로 그 의미는 '나의 연인은 나에게 엔게디 포도원에 있는 헤나 꽃송이이다' 이다.

109) R. S. Hess, *Song of Songs*, p. 70.
110) G. S. Ogden and L. Zogbo, *Song of Songs*, p. 45.
111) R. S. Hess, *Song of Songs*, p. 70; T. Longman III, *Song of Songs*, p. 106.

남자의 두 번째 노래(1:15)

이집트 왕 투탄하문 무덤에서
발견된 비둘기 같은 여인의 눈 모습

아가 1:15은 자신의 여인의 아름다움을 노래하는 남자의 사랑노래이다.

15 내 사랑아 너는 어여쁘고 어여쁘다 네 눈이 비둘기 같구나

15절에 사용된 히브리어 **히네**(הִנֵּה)는 강조를 나타낸다. 따라서 **히나크**(הִנָּךְ)는 '아! 너는…' 으로 번역해야 한다. 눈을 비둘기로 비유한 이유가 무엇인지 정확히 알 수 없으나, 신약성경에서 비둘기는 사랑의 상징으로 사용되었다(마 3:17; 막 1:11; 눅 3:22).

1:15은 남자의 노래로서 그 의미는 '아, 너는 아름답구나, 나의 연인이여! 아, 너는 아름답구나, 당신의 눈은 비둘기 같구나' 이다.

여자의 세 번째 노래(1:16-2:1)

> 1:16 나의 사랑하는 자야 너는 어여쁘고 화창하다 우리의 침상은 푸르고 17 우리 집은 백향목 들보, 잣나무 서까래로구나 2:1 나는 사론의 수선화요 골짜기의 백합화로다

1:16-2:1에서 여인은 낙원에서의 사랑을 노래한다.

> 16 나의 사랑하는 자야 너는 어여쁘고 화창하다 우리의 침상은 푸르고

우리의 침상은 푸르고(아프 에레쉬누 라아나나, אַף עַרְשֵׂנוּ רַעֲנָנָה)는 '우리의 침상은 화려하고'(luxuriant)로 번역할 수 있다.[112] 왜냐하면 본문에서 이것은 침상의 색상을 언급하는 것이 아니기 때문이다.[113]

1:16-17은 비유적인 언어로 사용되었다. 16절은 여자가 연인(남자)의 아름다움을 노래하는 것으로 그 의미는 '정녕 당신은 아름다워요, 나의 연인이여. 당신은 사랑스러워요, 우리의 잠자리도 화려합니다' 이다.

> 17 우리 집은 백향목 들보, 잣나무 서까래로구나

112) *HALOT*, p. 1269; T. Longman III, *Song of Songs*, p. 108.
113) M.H. Poppe, *Song of Songs*, p. 359.

레바논의 백향목

백향목과 전나무는 모두 향을 내는 건축자재로 기쁜 장소에 많이 사용되었다. 특히 레바논의 백향목은 이스라엘을 포함한 고대 근동 지역에서 성전을 건축할 때 사용되던 목재이다. 따라서 집의 들보가 백향목으로 지어졌다는 것은 값비싼 건축자재로 지어진 화려한 집을 의미한다.

1:17의 의미는 '우리 집 들보는 백향목, 우리 서까래는 전나무' 이다.

아가서 1:16-17에서 나무 이미지가 사용되었다면 아가서 2:1-3에서는 꽃 이미지가 주로 사용되었다. 1절에서 여인은 자신을 수선화와 백합화로 묘사하고, 2절에서 남자는 여인을 백합화로 묘사하며, 다른 여인들을 엉겅퀴로 묘사한다. 다시 여인은 자신의 연인을 생산성과 부유함으로 묘사할 뿐만 아니라 향기 나는 사과나무로 묘사한다.

2:4-7은 앞 1-3절에 부속된다. 여기서 여인은 자신의 경험을 말한다. 연인은 여인을 포도주 집으로 데려갔고, 여인은 음식의 공급을 요청하는 것을 묘사하고 있다. 6-7절은 후렴구와 같은 역할을 한다.

2:1 나는 사론의 수선화요 골짜기의 백합화로다

본절은 히브리어 시의 전형적인 문학적 기법인 동의적 평행법으로 기록되어 있다. 따라서 다음과 같이 비교할 수 있다.

<table>
<tr><td align="center">**사론**
하샤론
השרון</td><td align="center">**수선화**
하바젤라
חבצלה</td></tr>
<tr><td align="center">**골짜기**
에메킴
עמקים</td><td align="center">**백합화**
쇼샨나
שושנה</td></tr>
</table>

백합화

따라서 사론 평야와 골짜기는 같은 의미이고, 수선화와 백합화도 같은 의미이다. 그래서 **골짜기**(에메킴, עמקים)는 평야(plain)로 번역하는 것이 바람직하다. 이스라엘에는 여러 종류의 평야가 있다. 훌라 평야(Plain Hula), 이스르엘 평야(Plain Jezreel, 삿6:33, 에스드엘론 평야 혹은 므깃도 평야라고도 부름, 슥 12:11), 아얄론 평야(Plain Aijalor, 수10:12), 소렉 평야(Plain Sorek, 삿16:4), 엘라 평야(Plain Elah, 삼상 17:2), 기드론 평야(Plain Kidron, 참조 왕하 23:4), 힌놈 평야(Plain Hinnom, 대하 28:3), 스바다 평야(Plain Zephathah, 대하 14:10), 그랄 평야(Plain Geral, 창 26:17), 세렛 평야(Plain Zered, 민 21:12), 싯딤 평야(Plain Siddim, 창 14:3,8), 르바임 평야(Plain Lebayim, 수 18:16), 아골 평야(Plain Achor, 수 15:7) 등이다.

사론의 수선화(하바젤레트 하샤론, חבצלת השרון)는 풍요를 나타낸다. 구약

사론의 수선화

성경에서 수선화는 축복의 상징이며, 성전 장식에 사용되었다(왕상 7:19, 22, 26; 대하 4:5; 호 14:5). 사론 평야(The Plain of Sharon)는 갈멜산 남쪽으로부터 텔아비브(Tel-Aviv) 북쪽의 야르콘 강까지의 해안 평야 지역을 일컫는 말이다.

2:1은 여자의 말로 그 의미는 '나는 사론의 수선화, 들판(평야)의 백합화입니다' 이다.

이스라엘의 들꽃

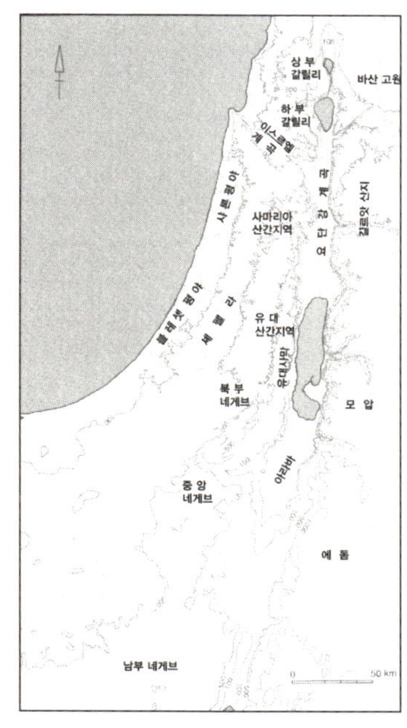

고대 이스라엘과 사론 평야

128

남자의 세 번째 노래(2:2)

2절은 남자의 말로 자신의 연인을 찔레 가운데 백합화로 비유하면서 연인의 탁월함을 묘사하고 있다. 연인의 독특함은 6:8-10에서 다시 묘사되어 있다.

2 여자들 중에 내 사랑은 가시나무 가운데 백합화 같도다

가시나무(호아흐, חוח)로 번역된 히브리어 원어의 의미는 '가시나무' 혹은 '찔레,' '찔레덤불' 을 의미하며, 구약성경의 여러 곳(왕하 14:9; 사 34:13; 호 9:6; 욥 31:40; 시 26:9; 대하 25:18)에서 사용되었다. 본문에서는 가시나무보다는 찔레 혹은 찔레덤불로 번역하는 것이 바람직하다.

2절과 3절 상반절에서는 연인의 뛰어남을 묘사하고 있다. 2:2은 남자의 말로 그 의미는 '아가씨들 사이에 있는 나의 연인은 찔레(찔레덤불) 사이의 백합화 같구나' 이다.

여자의 네 번째 노래(2:3-7)

2:3 남자들 중에 나의 사랑하는 자는 수풀 가운데 사과나무 같구나 내가 그 그늘에 앉아서 심히 기뻐하였고 그 열매는 내 입에 달았도다 4 그가 나를 인도하여 잔칫집에 들어갔으니 그 사랑은 내 위에 깃발이로구나 5 너희는 건포도로 내 힘을 돕고 사과로 나를 시원하게 하라 내가 사랑하므로 병이 생겼음이라 6 그가 왼팔로 내 머리를 고이고 오른팔로 나를 안는구나 7 예 루살렘 딸들아 내가 노루와 들사슴을 두고 너희에게 부탁한다 내 사랑이 원하기 전에는 흔들지 말고 깨우지 말지니라

아가 2:3-7은 여인의 네 번째 노래로서 사랑하는 연인에 대한 갈망을 노래하고 있다.

3절에서는 여인이 자신의 남자의 탁월함을 묘사하고 있다.

3 남자들 중에 나의 사랑하는 자는 수풀 가운데 사과나무 같구나 내가 그 그늘에 앉아서 심히 기뻐하였고 그 열매는 내 입에 달았도다

사과나무(타푸아흐, תַּפּוּחַ)를 뜻하는 히브리어 **타푸아흐**(תַּפּוּחַ)는 '숨쉬다' (breathe)라는 뜻의 어근 √נפח에서 유래되었다. 그 이유는 사과나무의 향기 때문이다. [114] 본문에서는 여인이 자신의 남자의 숨 냄새를 사과 의 향기에 비유하였다. 사과나무의 유용함은 열매와 그늘이다.

내 입에(레히키, לחכי)는 히브리어 **헤흐**(חך)에 전치사 **레**(ל)와 소유격 인칭 접미어가 붙은 형태이다. 히브리어 **헤흐**는 '입천장' 혹은 '미각' (palate)을 뜻한다. 따라서 '내 입에' 혹은 '내 입맛에' 로 번역할 수 있다.

2:3은 여자의 말로 그 의미는 '남자들 중에 있는 나의 연인은 숲 속의 나무들 가운데 있는 사과나무 같다. 나는 그의 그늘에 앉아서 기뻤고, 그의 열매는 내 입에 달콤하다' 이다.

4 그가 나를 인도하여 잔칫집에 들어갔으니 그 사랑은 내 위에 깃발이로구나

주전 21세기의 것으로 포도주 마시는 모습이 그려진 이집트 벽화

잔칫집(베이트 하-야인, בית היין)으로 번역된 히브리어 원문의 의미는 문자적으로 '포도주의 집' (house of wine)이지만 그 의미는 '연회장' 을 뜻한다. 따라서 잔칫집은 연회장으로 번역하는 것이 좋다. 왜냐하면 히브리어 **베이트 하-야인**은 에스더 7:8의 **베이트 미쉬테 하-야인**(משתה היין בית)은 개역개정판 성경에서 '잔치 자리' 로 번역됨)과 같은 뜻으로 그 의미가 연회장이기 때문이다. **115)**

114) M.H. Poppe, *Song of Songs*, p. 371.
115) Würthwein ThR 32:205.

그 사랑은 내 위에 깃발이로구나(디글로 알라이 아하바, דגלו עלי אהבה)의 문자적 의미는 '나를 향한 그의 깃발은 사랑이다' 이다. 그러나 정확한 의미를 알기 위하여 포프는 아카드어 표현을 기초로 히브리어 **데겔**(דגל)을 '의도' (intention)로 해석하여, 이 구절을 '나를 향한 그의 의도는 사랑이다' (his intention toward me is love)라고 번역한다.[116] 또한 이와 비슷하게 고디스(R. Gordis) 역시 아카드어 표현을 기초로 이 구절을 '나를 향한 그의 시선은 사랑이었다' (his glance upon me was loving)라고 번역하였다.[117] 왜냐하면 히브리어 **데겔**에 상응하는 아카드어 **다갈루**(dagālu)가 '보다' (to see)의 의미를 갖고 있기 때문이다.[118]

2:4은 여자의 말로 그 의미는 '그가 나를 연회장으로 인도했는데 나를 향한 그의 시선은 사랑이었다' 이다.

> 5 너희는 건포도로 내 힘을 돕고 사과로 나를 시원하게 하라 내가 사랑하므로 병이 생겼음이라

5절은 사랑의 병에 걸린 여인이 자신의 원기를 회복할 수 있도록 건포도 과자와 사과를 달라고 요청하는 노래이다.

건포도(아쉬샤, אשישה)는 정확하게 '건포도 과자' (rasin cake)로 번역해

---

116) M. H. Pope, *Song of Songs*, pp. 375-377.
117) R. Gordis, "The Root *dgl* in the Song of Songs," *JBL* 88 (1969), pp. 203-204.
118) *CAD D*, pp. 21-25, esp. 21-22.

야 한다.

힘을 돕고(사마흐, סמך)로 번역된 히브리어의 의미는 '원기를 회복하다' (to refresh)이다. 또한 **시원하게 하다**(리페드, רפד) 역시 '원기를 회복하다' 의 의미로 사용되었다. 즉 같은 의미의 다른 동사를 사용한 것이다. 모두 명령형으로 기록되어 있는데, 여인이 잔칫집에 들어가 사람들에게 원기를 회복할 수 있도록 하라그 명령하였다.

5절을 통하여 유추할 수 있는 것은 당시 사람들은 건포도 과자와 사과가 사람의 원기를 회복하고 성욕을 유지하는 역할을 한다고 이해한 것으로 보인다.[119] 특히 건포도에는 포도당과 과당이 많이 함유되어 피로회복에 효과적이다. 뿐만 아니라 비타민 A, B, B2, C, D 등이 풍부하게 함유되어 신진대사를 원활하게 해준다. 또한 사과도 기를 불러일으켜 원기를 돋우고 힘을 만들어 갈증을 해소하는 역할을 하는 것으로 알려졌다.

2:5은 아마도 여인의 말로서 그 의미는 '너는 건포도 과자로 내 원기를 회복하고 사과로 내 원기를 회복하라. 왜냐하면 내가 사랑의 병에 걸렸기 때문입니다' 이다.

앞 4절의 잔칫집 상황을 고려하여 5절을 해석할 때 건포도나 사과는 잔칫집의 술안주로 이해할 수도 있다. 주전 480년경 그리스에서 발견된 스탐노스(Stamnos) 토기에 그려진 그림에 의하면 신선한 과일

---

119) T. Longman III, *Song of Songs*, p. 114.

이나 혹은 말린 과일 등이 안주로 사용되었음을 보여준다. [120]

6 그가 왼팔로 내 머리를 고이고 오른팔로 나를 안는구나

아가 2:6은 남녀가 누워 있는 광경을 묘사한 것인데 남자가 왼팔로 베개를 해주고 오른손으로 여자를 안은 모습을 묘사하고 있다. 이 구절은 8:3에서 다시 반복된다.

안는구나(히벡, חבק)는 그 의미가 '안다' (to embrace)이다.

2:6의 의미는 '그의 왼팔은 내 머리 밑에 있고 그의 오른팔은 나를 껴안는답니다' 이다.

7 예루살렘 딸들아 내가 노루와 들사슴을 두고 너희에게 부탁한다 내 사랑이 원하기 전에는 흔들지 말고 깨우지 말지니라

2:7은 3:5, 8:4에서 반복적으로 등장하는 표현이다.

노루(쯔비야, צביה)로 번역된 히브리어는 아가서에만 등장한다(아가 2:7, 3:5, 4:5, 7:4). 정확히 번역하자면 '암노루' (female gazelle)이다. 특히 아가서 4:5에서는 암노루를 여성의 가슴으로 묘사하였다. 또한 **사슴**(아얄라, אילה)으로 번역된 히브리어도 정확하게는 '암사슴' (hind)으로 번역

120) 스탐노스 토기는 그리스 토기의 일종으로 향연에서 포도주와 물을 배합하는데 사용하였다. 우성주 "이미지(Image)를 활용한 향연문화의 재구성." 「서양고대사 연구」 25(2009), pp.57-91, esp.83.

해야 한다.[121] 구약성경에서 암사슴은 주로 아름다움(창 49:21)을 나타내거나 틀림없음(삼하 22:34, 합 3:19; 시 18:23), 어머니의 헌신(렘 14:5; 욥 39:1) 등을 나타낸다. 잠언 5:19에서는 젊은이의 아내를 의미하기도 한다.[122]

흔들지 말고 깨우지 말라(임-타이루 베임-타오르루, אם־תעירו ואם־תעוררו)는 표현은 같은 어근(√עור)의 두 동사를 반복적으로 사용하여 깨우지 말 것을 강조하는 표현이다. 특히 히브리어 표현 가운데서 임(אם)과 미완료형이 결합되면 강한 금지를 뜻한다.

노루와 들사슴을 걸고 맹세하는 것이 조금은 이상하다. 그러나 아가서 전체에서 하나님의 이름이 발견되지 않기 때문에 여기서도 하나님의 이름을 의도적으로 사용하지 않은 것으로 이해할 수 있다.[123] 이에 대하여 킬(O. Keel)은 노루와 들사슴을 걸고 맹세하는 것은 마치 하늘이나 예루살렘을 두고 맹세하는 것과 같다고 주장한다. 왜냐하면 사람들은 하나님을 걸고 맹세하지 못하지만 그러나 신의 속성을 걸고 맹세할 수 있기 때문이라고 설명한다.[124]

2:7은 남자의 말로 그 의미는 '예루살렘 딸들아! 암노루나 들사슴

---

121) 20세기가 시작되면서 일부 학자들은 노루를 뜻하는 쯔바오트(צבאות)를 아도나이 쯔바오트(יהוה צבאות) 대신 사용된 것이며, 들사슴을 뜻하는 아옐로트 하-사데(אילות השדה)는 엘샤다이(אלשדי)를 대신해서 사용되었다고 주장하였다. O. Keel, *The Song of Songs*, p. 92.

122) R. S. Hess, *Song of Songs*, p. 82.

123) T. Longman III, *Song of Songs*, p. 116.

124) O. Keel, *The Song of Songs*, pp. 93-94.

을 걸고 그대들에게 간청하니 우리 사랑을 방해하지도 깨우지도 말아 주오. 그 사랑이 원할 때까지' 이다.

핵심 메시지

아가서 1:2-2:7은 상대에 대한 사랑하는 두 연인의 갈망함과 서로를 귀하게 여기는 인간존중의 사상이 내포되어 있다.

- 사랑하는 연인에 대한 상호 갈망함과 존중함
- 사랑하는 연인에 대하여 최고의 언어로 찬양하고 칭찬하고 자랑함
- 하나님이 창조하신 남녀의 사랑은 하나님이 창조하신 자연의 아름다움에 상응한다.
- 하나님에 의한 남녀의 사랑은 하나님이 창조하신 자연 세계에서 하나님의 시간에 완성된다.

청년이 젊은 여인을 초청함(2:8-17)

아가서 2:8-17은 여인이 연인과 함께 달아나기를 갈망하는 마음이 담겨 있으며, 역시 여자와 남자의 교창 형식으로 이루어져 있다. 노래의 배경은 사랑하기 좋은 봄철이다. 따라서 식물과 동물이 많이 등장한다.

2:8-10a		여자
	2:10b-14	남자
2:15-17		여자
	2:15	여자들(처녀들)
	2:16-17	여자

2:8-17의 통일성에 대한 견해가 분분하지만 문학적인 구조면에서 8-9절과 17절이 수미쌍관의 기법으로 기록되었기 때문에 통일성이

있다고 주장할 수 있다. 즉 8-9절과 17절에서 산, 노루, 어린 사슴이 반복적으로 등장한다. [125]

여인의 노래(2:8-10)

8 내 사랑하는 자의 목소리로구나 보라 그가 산에서 달리고 작은 산을 빨리 넘어오는구나 9 내 사랑하는 자는 노루와도 같고 어린 사슴과도 같아서 우리 벽 뒤에 서서 창으로 들여다보며 창살 틈으로 엿보는구나 10 나의 사랑하는 자가 내게 말하여 이르기를 나의 사랑, 내 어여쁜 자야 일어나서 함께 가자

2:8-10에서는 사랑하는 자가 여인의 집을 자유롭게 드나들지 못하기 때문에 밖으로 불러내는 장면을 묘사하고 있다.

8 내 사랑하는 자의 목소리로구나 보라 그가 산에서 달리고 작은 산을 빨리 넘어오는구나

8절은 사랑하는 연인을 향해 갈망하는 마음으로 급하게 다가오는 사랑하는 자에 관하여 기록하고 있다. 사랑하는 자의 목소리가 들리

125) T. Longman III, *Song of Songs*, p. 117.

는데 그가 달리고 산을 넘어서 빨리 도착하였다고 기록하고 있다.

목소리(콜, קוֹל)는 본문에서는 '헉헉거리는 소리'(hark)로 번역하는 것이 바람직하다. 남자가 뛰어와 숨찬 소리를 내는 것을 의미하기 때문이다.

유대 산악지대 : 작은 산들이 연결되어 있다

8절에서 **산**(하르, הַר) 혹은 **작은 산**(기브아, גִבְעָה)이란 표현은 고대 유다의 지형적인 특징을 아주 잘 나타내고 있다. 예루살렘은 해발 750m에 위치하고 있기 때문에 주변에는 높고 낮은 작은 산들로 둘러싸여 있다. 이러한 상황을 묘사하는 표현이다.

8절 하반절의 묘사는 마치 허들경기를 보는 것과 같다. 사랑하는 이가 작은 산들을 허들을 넘듯이 뛰어넘어서 오고 있다. **달리고**로 번역된 히브리어 동사 **메달레그**(מְדַלֵג)의 의미는 '뛰어넘다'(to leap)이며, **넘어오는구나**로 번역된 히브리어 동사 **메카페츠**(מְקַפֵּץ)는 '뛰다'(to jump)의 의미와 '재미있게 놀다'(to gambol)의 의미를 동시에 가지고 있다. 따라서 사랑하는 자가 높은 산을 뛰어넘고, 작은 산들을 즐겁게 뛰면서 달려오는 모습을 생생하게 기록하고 있다.

2:8은 여자의 말이며, 그 의미는 '내 연인의 소리! 보라, 그가 오고

있다. 산을 뛰어오르고 언덕을 뛰어넘어 오고 있다' 이다.

9 내 사랑하는 자는 노루와도 같고 어린 사슴과도 같아서 우리 벽 뒤에 서
서 창으로 들여다보며 창살 틈으로 엿보는구나

9절에서 여인이 사랑하는 자를 노루와 어린 사슴에 비유한 것은
두 동물이 가지고 있는 빠름(swiftness)에 초점을 맞춘 것이다. 마치 남
자가 여자를 갈망하는 열정으로 신속하게 다가서는 것을 비유한 것
이다. 126)

어린 사슴(오페르, עֹפֶר)은 생후 3-4일 된 사슴을 나타내는 단어로 주로
노루(쯔비, צְבִי)와 함께 사용된다. 구약성경에서는 아가서에만 사용되
는 단어이다(2:9, 17, 4:5, 7:4, 8:14). 특히 이 단어는 아가서 4:5이나 7:4에
서 여자의 두 가슴을 은유적으로 표현하는데도 사용되었다. **노루**는
이집트 사랑의 시에서도 등장한다. 특히 노루의 속도를 비교한다.

9절 하반절에는 같은 표현이 두 번 반복되어 사용되었다. 즉 같은
의미의 다른 동사와 명사가 사용되었다. "들여다본다"는 의미의 두
동사와 "창문"이란 의미의 두 명사가 반복적으로 사용되었다. 우리
말 개역개정판 성경에서는 **들여다보다**(히스기아흐, הִשְׁגִּיחַ), **엿보다**(히찌쯔,
הֵצִיץ)로 번역하였다. 전자의 '들여다보다'는 '자세히 살피며 들여다

---

126) T. Longman III, *Song of Songs*, p. 120.

보다' (to look at closely and to examine critically)는 뜻을 가지고 있으며,[127] 후자의 '엿보다'는 '기쁨의 눈초리로 응시하고 바라보다' (to peer with merry shining eyes)의 뜻을 가지고 있다.[128] 아가서에서만 사용되었다. 따라서 두 단어에 뉘앙스의 차이가 있다. 전자는 창문을 통하여 연인이 안에 있는가를 자세히 살피는 것을 의미하며, 후자는 창살 사이로 연인을 응시하는 기쁨을 나타내는 것이다.

또한 **창문**을 뜻하는 명사(할론, חלון)와 '창문의 창살을 뜻하는 명사(하라흐, חרך)가 반복적으로 사용되었다. 따라서 같은 표현이 반복되기는 하지만 후자의 표현이 들여다보는 것을 좀 더 세밀하고 구체적으로 묘사하고 있다.

2:9의 의미는 '나의 연인은 노루나 젊은 사슴 같다. 보아라! 그가 우리 담 앞에 서서 창틈으로 기웃거리고 창살틈으로 들여다본다' 이다.

10 나의 사랑하는 자가 내게 말하여 이르기를 나의 사랑, 내 어여쁜 자야 일어나서 함께 가자

남자가 여자의 집 담에 서서 자신의 사랑하는 여인에게 함께 들판으로 나갈 것을 청유한다. 이 장면은 마치 사랑하는 여자의 집 앞에서 사랑의 세레나데를 부르는 장면을 연상하게 한다. 이 구절은 13b

127) *HALOT*, p. 1414.
128) *HALOT*, p. 1014.

에서 반복적으로 사용되며, 10절과 13b절 사이에 11-13a가 삽입되어 10절과 13b가 수미쌍관을 이루고 있다.

2:10의 의미는 '내 연인은 대답했다. 나에게 말하기를 일어나라 나의 애인이여, 나의 아름다운이여, 이리 와주오' 이다.

남자의 노래(2:11-14)

11 겨울도 지나고 비도 그쳤고 12 지면에는 꽃이 피고 새가 노래할 때가 이르렀는데 비둘기의 소리가 우리 땅에 들리는구나 13 무화과나무에는 푸른 열매가 익었고 포도나무는 꽃을 피워 향기를 토하는구나 나의 사랑, 나의 어여쁜 자야 일어나서 함께 가자 14 바위 틈 낭떠러지 은밀한 곳에 있는 나의 비둘기야 내가 네 얼굴을 보게 하라 네 소리를 듣게 하라 네 소리는 부드럽고 네 얼굴은 아름답구나

아가 2:11-14은 겨울이 지난 이스라엘 땅을 찬양하고 있다. 특히 비옥함, 아름다움, 풍성함을 노래하고 있다.

11 겨울도 지나고 비도 그쳤고

겨울이 지났다는 것은 봄이 임하였음을 말하는데 봄은 사랑의 계절

을 암시한다. 즉 꽃의 향기가 나며, 기온이 따뜻해졌다. **겨울**(스타브, ㄲㅁㅇ)을 뜻하는 히브리어 **스타브**(ㄲㅁㅇ)는 본문에서만 사용된다. 11절은 이스라엘의 겨울이 우기임을 암시한다. 겨울이 끝난 것은 곧 **비**(게셈, ㅁㅉㅁ)가 그치는 것을 의미한다. 구약성경에서 겨울을 뜻하는 히브리어 **스타브**가 사용된 것은 매우 이례적이며, 일반적으로 비가 내리는 계절로 표현된다.

이스라엘은 지중해성 기후의 특징을 가지고 있다. 이스라엘의 기후는 크게 건기(여름)와 우기(겨울)로 나눌 수 있다. 건기는 대체로 5월부터 10월까지 약 6개월 정도이다. 건기는 강우량이 전혀 없으며, 낮에는 고온 건조하며(32℃-38℃) 밤에는 추워 일교차의 폭이 크다. 반대로 우기는 주로 10월부터 다음 해 5월까지 약 6개월간이다. 우기는 일 년 강우량의 80% 이상을 차지하며 특히 1-2월에 집중적으로 비가 쏟아진다. 비가 올 때는 대체로 강한 바람을 동반하여 활동에 많은 지장을 초래한다.

강우량은 남쪽에서 북쪽 지역으로 갈수록 많다. 바다를 오래 건너 수분을 많이 함유한 북서풍이 갈릴리 주변으로 불고, 이집트에서 불어오는 건조한 바람이 남쪽으로 불기 때문에 북쪽의 강우량이 남쪽보다 훨씬 많다. 연 강수량 분포를 보면 에일랏 30㎜, 가자 250㎜, 예루살렘 560㎜, 나사렛 640㎜ 등이다. 브엘세바 남쪽 지역은 사람이 살 수 있는 한계 강우량인 연 강수량 200㎜선 정도이다. 따라서 브엘세바 북쪽 지역에 사람이 많이 거주하며, 브엘세바 남쪽에 관한 기록이 구약성경과 신약성경에 거의 언급되지 않은 것은 바로 이러한 자연적인 현상 때문이다. 이스라엘의 영토를 개괄적으로 나타낼 때 최남단의 도시로 브엘세바가 언급되는 것 또한 이러한 자연 환경을 반영한 것이다. 룻기의 베들레헴의 흉년은 이상 가뭄 현상으로 강수량 200㎜선이 북상하여 베들레헴 지역에 가뭄이 들어 흉년이 되었기 때문이다.

이른 비(히브리어 요레, יורה)는 우기 초인 11월경에 내리는 비로, 늦을 때에는 12월까지 연장되기도 한다. 늦은 비(히브리어 말코쉬, מלקוש)는 봄비라고도 하며 농작물의 작황과 결실이 잘되게 하며 곡식을 증산시키는 데 필요한 비이다. 따라서 이것을 단비라고도 한다. 성경에 기록된 두 종류의 비는 계절의 변화를 알리는 것으로 이스라엘의 기후적인 특징을 나타내는 것이다.

2:11의 의미는 '자, 이제 겨울은 지나고 비는 걷혔다오' 이다.

> 12 지면에는 꽃이 피고 새가 노래할 때가 이르렀는데 비둘기의 소리가 우리 땅에 들리는구나

12절은 우기가 지나고 꽃피고 새가 나는 즉, 만물이 소생하는 것을 묘사하고 있다. 꽃이 피고 새가 노래하며, 특히 비둘기의 소리가 들

리는 점에서 알 수 있다. 11-12절을 연결하여 생각하면 겨울이 지나고 생명이 소생하는 것을 묘사하고 있다(아 6:11, 7:12-13).

일반적으로 팔레스틴에서 꽃은 비가 지나면 피며(2-3월), 비둘기가 다시 나타나는 것은 사월 초순이다.[129] 따라서 12절은 팔레스틴의 봄을 구체적으로 묘사하고 있다. 특히 비둘기 소리는 봄의 청순함을 강조한 것이다. 고대 이스라엘에서 비둘기는 청순함을 나타낸다.

노래할 때(예리호 자마르, ירחו זמר)란 추수하고 곳간에 쌓아두기까지 약 2개월간을 의미한다. 게젤 달력에서는 노래할 때가 두 달간임을 말하고 있다. 그러나 본문에서는 봄이 시작되는 시점을 노래하는 때로 묘사하고 있다.

비둘기(토르, תור)는 레위기 1:14, 5:7 등에서는 제물로 사용되는 비둘기를 뜻한다. 그러나 아가 2:12와 예레미야 8:7에서 히브리어 **토르**(תור)는 '들새' 라는 의미를 지닌다. 따라서 본문의 비둘기는 '멧비둘기' 로 번역할 수 있다. 즉 봄이 다가오니까 봄을 알리는 봄새가 날아왔다는 의미이다.

2:12의 의미는 '땅에는 꽃이 모습을 드러내고 노래의 계절이 다가왔다오. 우리 땅에서는 멧비둘기 소리가 들려온다오' 이다.

13 무화과나무에는 푸른 열매가 익었고 포도나무는 꽃을 피워 향기를 토하

---

129) T. Longman III, *Song of Songs*, p. 121.

는구나 나의 사랑, 나의 어여쁜 자야 일어나서 함께 가자

13절에서는 봄이 오자 땅의 풍성한 결실을 노래한다. 무화과나무는 열매를 맺고, 포도나무는 꽃향기를 내는 이 아름다운 계절에 함께 가자고 여인에게 청한다. 무화과나무는 이스라엘에서 풍요의 상징으로 사용된다. 따라서 13절은 봄에 피는 열매와 꽃 냄새가 사람의 후각을 자극한다. 이 향기로운 꽃 냄새에 반한 남자는 자신의 여인에게 함께 갈 것을 요청한다.

무화과나무(트에나, תאנה)는 포도나 감람나무 그리고 종려나무와 함께 가나안 땅에서 많이 재배하는 농산물 가운데 하나이다. 따라서 무화과나무에 대해서는 구약성경에 60회 이상 기록되어 있다. 무화과나무는 창세기 3:7의 아담과 이브가 무화과나무 잎으로 치마를 엮어 입었다는 에덴동산 이야기에서 처음 등장한다.

무화과를 나타내는 히브리어는 매우 다양하다. 일반적으로 히브리어 **트에나**(תאנה)는 무화과나무를 지칭하고, 복수형인 **트에님**(תאנים, 민 13:23)은 무화과 열매를 가리킨다. 이사야 28:4의 **비쿠라**(בכורה)는 6월경에 처음 익은 열매를 의미하고 **파가**(פגה, 애 2:13)는 초봄에 익은 푸른색 열매를 의미한다. 또한 **듭헬라**(דבהלה, 삼상 30:12)는 무화과를 으깬 것을 말한다.

무화과나무는 유월절(3월 중순~4월 중순 사이) 이후 싹이 나기 시작하여

6월에 열매를 맺는데, 붉은 색으로 변하여 완전히 익으면 짙은 보랏빛 색이 된다. 키는 작으나 잎이 넓고 무성하다. 따라서 아담과 이브가 중요한 부분을 가리는데 사용할 수 있었다(창 3:7). 미드라쉬에서는 무화과나무를 줄기가 짧지만 가지가 많은 나무로 묘사하면서 이스라엘이 이처럼 번성할 것이라고 기록하고 있다(Midrash Raba, Shir Hashirim 7).

무화과나무의 열매는 고대 이스라엘 사람들에게 중요했고, 구약성경의 여러 곳에서 가나안 땅에서 재배되는 농산물 가운데 하나로 기록되어 있다(민 13:23; 신 8:8 등). 그 이유는 열매는 고대 이스라엘 사람들의 식량으로 사용되었으며, 특히 열매 반죽은 의약품으로도 사용되었기 때문이다. 이사야가 무화과 반죽을 히스기야의 상처에 붙여 병을 고쳤다는 구절도 있다(사 38:21). 오늘날도 무화과의 삶은 물은 치질에 효과가 좋아 이용되고 있다.

또한 무화과나무는 은유적으로 많이 사용된다. 예레미야 24장에 나타난 좋은 무화과나무와 나쁜 무화과나무 비유에서 나쁜 무화과나무는 이스라엘 땅에 사는 나쁜 이스라엘 사람들로서 포로로 잡혀가는 사람을 의미한다. 또한 열왕기상 4:25에서는 무화과나무가 평화와 부의 상징으로 표현된다(왕하 18:31=사 36:16; 욜 2:22; 미 4:4; 학 2:19; 슥 3:10 참고). 특히 예레미야 15:17에서는 무화과나무 열매를 먹는 것을 편안히 사는 사람들의 모습으로 묘사하고 있다. 호세아 2:12에서는 무화과나무가 마르는 것을 국가적 심판과 재앙에 대한 상징으로 묘사하기도 한다(욜 1:7; 암 4:9 등).

구약성경에 나타난 여러 가지 은유나 비유 가운데 포도원, 종려나무 그리고 무화과나무에 대한 비유가 많은 것은 이들이 고대 이스라엘에서 보편적으로 많이 볼 수 있는 주요 농산물이기 때문이다. 청중들이 쉽게 이해할 수 있도록 주변의 소재를 통하여 하나님의 메시지를 전달하였음을 볼 수 있다.

포도나무(게펜, נֶּפֶן)는 이스라엘에서 흔히 볼 수 있는 나무이다. 포도농사는 이스라엘의 주된 농업이기 때문에 성경에 여러 차례 언급된다. 특히 이스라엘을 대표하는 농업 가공품의 대표적인 것은 포도주이다. 포도[게펜(נֶּפֶן) 혹은 아나빔 (אֲנָבִים)이라고 함]는 주로 7-8월에 수확하기에 종종 여름 과실로 표현되기도 한다. 고대 이스라엘에서 포도는 주로 포도주를 만드는데 사용하였다. 신명기 28:39에 "포도원을 심고 가꿀지라도 벌레가 먹으므로 포도를 따지 못하고 포도주를 마시지 못할 것이며"라고 기록된 것을 보면 포도로 포도주를 만들었음을 알 수 있다. 뿐만 아니라 사무엘하 16:1에 의하면 포도로 건포도(지무킴, זַמּוּקִים)를 만들었음을 알 수 있다.

이스라엘 포도농장

포도나무는 꽃을 피워 향기를 토하는구나는 포도향이 사람을 가만히 앉아 있을 수 없도록 만듦을 노래한다. 호메로스(Homeros)의 『일리

아드』에 의하면 그윽한 포도주 향이 사람을 숙연하게 만든다고 노래하고 있다.

2:13의 의미는 '무화과나무는 이른 열매를 맺어가고 포도나무 꽃송이들은 향기를 내뿜는다오. 나의 애인이여, 일어나오. 나의 아름다운 여인이여, 이리 와주오' 이다. 즉 겨울이 지나고 봄이 찾아와 만물이 열매를 맺어가듯이 자신의 연인과의 사랑에도 열매를 맺기를 갈망하는 마음을 표현하고 있다.

본문에서 무화과나무에 열매가 익고 포도나무에 꽃이 피는 것은 계절적으로 6절 이후의 상황을 묘사한 것이다.

14 바위 틈 낭떠러지 은밀한 곳에 있는 나의 비둘기야 내가 네 얼굴을 보게 하라 네 소리를 듣게 하라 네 소리는 부드럽고 네 얼굴은 아름답구나

비둘기는 순결, 점잖음 그리고 순종의 상징으로 많이 사용된다. 따라서 여인을 부르는 남자는 여인을 비둘기에 비유하면서 여인을 향한 순결한 마음과 순종의 의미를 담고 있다. 그는 여인을 애타게 바라보고, 목소리를 간절히 원하고 있다. 14절의 장면은 마치 긴 겨울 동면을 했던 동물이 봄이 오면 다시 모습을 드러내듯이 자신의 여인을 보고 싶어하는 남자의 간절함이 묘사되어 있다.

바위 틈 낭떠러지 은밀한 곳(요나티 베하그베이 하셀라 베세테르 하마드레가, יוֹנָתִי

(בחגוי הסלע בסתר המדרג)은 일반적으로 비둘기가 집을 짓는 곳이다. 예레미야 48:28에서는 이러한 광경을 자세히 묘사하고 있다. 낭떠러지에 있는 비둘기는 누구의 손에도 닿지 않는 곳에 있다는 의미로, 자신의 여인이 아무의 손이 닿지 않는 곳에 있는 비둘기처럼 순결함을 강조하고 있다.

2:14의 의미는 '바위틈에 있는 나의 비둘기 벼랑 속에 있는 나의 비둘기여! 그대의 모습을 보게 해주오. 그대의 목소리를 듣게 해주오. 그대의 목소리는 달콤하고 그대의 모습은 어여쁘다오' 이다. 2:14은 순결한 자신의 여인에게 간절히 구애하는 모습을 그리고 있다.

유대광야의 바위틈 낭떠러지

여인의 노래(2:15-17)

15 우리를 위하여 여우 곧 포도원을 허는 작은 여우를 잡으라 우리의 포도원에 꽃이 피었음이라 16 내 사랑하는 자는 내게 속하였고 나는 그에게 속하였도다 그가 백합화 가운데에서 양 떼를 먹이는구나 17 내 사랑하는 자

야 날이 저물고 그림자가 사라지기 전에 돌아와서 베데르 산의 노루와 어린 사슴 같을지라

2:15-17은 남자의 청원에 대하여 여인의 응답이 기록되어 있다.

15 우리를 위하여 여우 곧 포도원을 허는 작은 여우를 잡으라 우리의 포도원에 꽃이 피었음이라

15절은 여인이 자신의 남자 연인에게 포도원을 망치는 여우를 잡아달라고 요청하는 것이다.

15절은 매우 어려운 구절이다. 전후의 문맥과 전혀 관련이 없다. 따라서 15절이 남자 혹은 여자 중 누구의 말인지도 학자들의 큰 관심거리이다. 머피(R.E. Murphy)는 여자의 말로 이해한다.[130]

15절의 첫 동사인 **잡으라**(에헤주, אחזו)는 명령형 남성 복수형을 띠고 있기 때문에 이 구절이 누구의 말인지 정확하지 않다. 그래서 학자들 사이에 논의가 활발하다. 단지 여우는 남자를 상징하고, 포도원은 여인을 상징하는데 여우에 의하여 포도원이 위협을 받을 수 있다는 내용만 명확하다.

여우(슈알, שועל)로 번역된 히브리어 단어는 '여우'(fox)라는 뜻과 '재

130) T. Longman III, _Song of Songs_, p. 124.

칼' (jackal)이란 뜻을 가지고 있다. 영어성경 NEB에서는 슈알을 재칼로 번역하였고, 시편 63:10에서는 '승냥이'로 번역하였다. 포프는 히브리어 슈알을 큰 박쥐(fruit bat)로도 번역할 수 있음을 제시하지만,[131] 본문의 의미상 재칼 혹은 여우, 승냥이 등으로 번역하는 것이 더 바람직하다. 구약성경에서 슈알은 대체로 부정적인 의미로 묘사되었다. 즉 무엇을 파괴하는(삿 15:4), 굶주린 동물(겔 13:4), 또는 죽은 것을 먹어치우는 동물(시63:10) 혹은 폐허가 된 곳에 머무는 동물(애 5:18)로 묘사되었다. 따라서 구약성경에서 여우(수알)는 유익한 동물로 묘사되기보다는 사람에게 부정적인 동물로 나타나 있다.

그러나 이집트의 사랑노래에서 여우는 위대한 연인을 상징적으로 나타낸다.[132] "나의 마음이 너의 구애와 함께하지 못한다. 나의 작은 여우여! 너의 독주는 너의 구애이다"[133]

2:15은 여인의 대답이며, 그 의미는 '애들아, 여우들을 잡아라, 저 작은 여우들을. 우리 포도밭을, 꽃이 한창인 우리 포도밭을 망치는 저것들을' 이다.

16 내 사랑하는 자는 내게 속하였고 나는 그에게 속하였도다 그가 백합화 가운데에서 양 떼를 먹이는구나.

131) M.H. Pope, *Song of Songs*, p. 403.

132) O. Keel, *The Song of Songs*, p. 110.

133) Papyrus Harris 500, group A, no. 4; O. Keel, *The Song of Songs*, p. 110, note 2.

아가 2:16은 아가 6:3과 7:10에서 반복되어 나타난다.

내 사랑하는 자는 내게 속하였고 나는 그에게 속하였도다라는 표현은 결혼식에서 많이 사용된다. 특히 여인은 자신을 백합화로 묘사하며, 남자가 자기에게서 풀밭을 발견하였음을 노래한다.

그런데 백합화 가운데서 양 떼를 먹인다는 것이 무엇을 의미하는가? 백합화가 갖는 역할은 무엇인가? **백합화**는 여인의 마력을 상징적으로 나타낸다. 특히 양 손에 백합화를 들고 있는 가나안의 여신 코드슈(Qodshu)는 그녀의 마력으로 삶을 새롭게 하는 신의 상징으로 이해되었다. 라기스(Lachish)에서 발견된 주전 13-12세기경의 금박에 새겨진 백합화를 들고 군마 위에 서 있는 나체 여신의 모습은 이러한 전통을 잘 나타낸다. 따라서 이집트와 레반트 지역에서 백합화는 생명을 주는 힘으로 이해되었다. [134]

17 내 사랑하는 자야 날이 저물고 그림자가 사라지기 전에 돌아와서 베데르 산의 노루와 어린 사슴 같을지라.

17절의 **베데르 산**이 정확히 무엇을 의미하는지 알 수 없으나 추측컨대 여성의 가슴을 상징하며, 단어의 의미는 '험한 산' 이란 뜻이다. 즉 여인의 풍만한 가슴을 은유적으로 표현한 것으로 보인다. 따라서

---

134) O. Keel, *The Song of Songs*, p. 115.

노루와 어린 사슴으로 비유한 남자가 여인의 가슴에서 안식을 취하는 것을 묘사한 것이다.

여인은 오직 둘만 서로 사랑한다는 것을 확신한다. 따라서 2:16-17은 여자의 말로 그 의미는 '나의 연인은 나의 것, 나는 그이의 것. 그는 백합화 사이에서 양을 치고 있다. 날이 서늘해지고 그림자들이 달아나기 전에 나의 연인이여 베데르 산 위의 노루처럼, 젊은 사슴처럼 어서 돌아오세요' 이다.

은유적인 해석

여인을 이스라엘, 오늘날의 독자로 이해하고, 남자를 예수 그리스도로 이해할 때 다음과 같은 해석이 가능하다. 이스라엘을 찾아오신 예수 그리스도가 우리를 부르며, 주님이 주시는 낙원으로 우리를 초대하실 때 그 청함에 응하는 신부(성도)가 되어야 한다. 주님이 인도하시는 곳은 아름답고, 풍성하고, 정결함이 넘치는 곳이다. 남자(그리스도)의 사랑을 확인한 여인(이스라엘)은 그리스도를 마음에 머무시게(임재하시게) 해야 한다.

즉 그리스도께서 우리를 찾아오실 때 그분의 오심을 받아들이는 거룩한 신부가 되고 그 분을 마음에 모시는 거룩한 성도가 되어야 함을 보여준다.

핵심 메시지

아가서 2:8-17은 사랑의 아름다움, 풍요로움 그리고, 생명력을 보여준다.

- 사랑은 긴 동면 뒤에 피어나는 꽃과 같은 생명력이 있다.
- 사랑을 나눔은 서로의 것이 되는 것이다.
- 남녀의 사랑은 결혼 전까지 완성된 것이 아니다.
- 두 연인은 어떠한 위협으로부터도 그들의 사랑을 지키기 위하여 함께 있어야 한다.

젊은 여인이 밤에 청년을 찾음(3:1-5)

아가서 3:1-5은 여인을 갈망하는 남자의 모습을 묘사한 2장과 달리 젊은 여인이 꿈속에서 청년을 찾는 내용을 담고 있다. 이 부분에서 여자는 연인과 직접 대화하지 않고 연인은 대화의 목적어로 등장한다. 따라서 많은 주석가들은 원래 3:1-5은 1절의 "밤"이라는 단어와 2:17의 "날이 저물고"라는 단어와 연관시켜 이 자리에 첨가된 것이라고 생각한다.[135] 이 부분은 다시 세 부분으로 나눌 수 있다. 1-2절은 여인이 연인을 찾는 내용이고, 3절에서는 도시의 순찰자를 만나는 내용이며, 4절에서는 다시 그의 연인을 만나는 내용을 담고 있다.

135) O. Keel, *The Song of Songs*, p. 119.

여인의 독백(3:1-5)

1 내가 밤에 침상에서 마음으로 사랑하는 자를 찾았노라 찾아도 찾아내지 못하였노라 2 이에 내가 일어나서 성 안을 돌아다니며 마음에 사랑하는 자를 거리에서나 큰 길에서나 찾으리라 하고 찾으나 만나지 못하였노라 3 성 안을 순찰하는 자들을 만나서 묻기를 내 마음으로 사랑하는 자를 너희가 보았느냐 하고 4 그들을 지나치자마자 마음에 사랑하는 자를 만나서 그를 붙잡고 내 어머니 집으로, 나를 잉태한 이의 방으로 가기까지 놓지 아니하였노라 5 예루살렘 딸들아 내가 노루와 들사슴을 두고 너희에게 부탁한다 사랑하는 자가 원하기 전에는 흔들지 말고 깨우지 말지니라

아가 3:1-5은 꿈속에서 사랑하는 연인을 찾는 여인의 독백에 해당한다.

1 내가 밤에 침상에서 마음으로 사랑하는 자를 찾았노라 찾아도 찾아내지 못하였노라

내가 밤에 침상에서(알 미쉬카비 베레일로트, עַל־מִשְׁכָּבִי בַּלֵּילוֹת, upon my couch at night)의 의미는 '매일 꿈속에서' (in my dream)이다. 즉 아가서 3장의 상황은 꿈을 꾸는 것임을 추정할 수 있다.

마음으로(네프쉬, נֶפֶשׁ) **사랑하는 사람을 찾았노라**는 '그가 생명을 갈

망하듯이 그의 연인을 찾았다'는 뜻이다. 따라서 '마음으로'는 '생명을 다해'라는 의미를 가지고 있다.[136)]

　3:1의 의미는 '내가 매일 꿈속에서 내가 목숨을 다해 사랑하는 사람을 찾았다. 그를 찾았으나 내가 그를 발견하지 못했다'이다. 즉 여인이 매일 밤 꿈속에서 연인을 찾았지만 발견하지 못했다는 것이다. 여인의 간절한 마음이 묘사되어 있다. 1절은 2장의 숨바꼭질과 반대 상황으로 묘사되어 있다.

　2절은 구체적으로 여인이 사랑하는 사람을 찾는 모습을 그리고 있다. 이 모습은 마치 잠언 7:11에 기록된 음녀가 거리를 헤매는 것처럼 여인이 자신의 연인을 찾아 헤매는 모습을 그리고 있다.

　성으로 번역된 히브리어 단어(이르, עיר)는 '도시'로 번역하는 것이 바람직하다. 왜냐하면 이 시의 배경이 수도 예루살렘이기 때문이다. 이러한 사실은 **예루살렘의 딸**(1:5, 2:7, 3:5, 8:4)이란 용어를 통하여 추정할 수 있다.[137)]

---

136) R. S. Hess, *Song of Songs*, p. 103.
137) 그러나 트롬프(N.J. Tromp)는 이 도시가 지하세계를 의미한다고 주장한다. N. J. Tromp, *Primitive Conceptions of Death and the Netherworld in the Old Testament*, pp. 152-154.

거리로 번역된 히브리어 **슈크**(שוק)는 '거리'(street) 혹은 '시장'(market)의 뜻을 가지고 있으나 뒤에 나오는 **큰 길**로 번역된 **르호브**(רחוב)와 같이 생각하면 **슈크**를 '거리'로 번역하는 것이 바람직하다. 그러나 히브리어 **슈크**를 70인역에서 문자적인 의미인 **아고라**(αγορα)로 번역하여, 이것을 근거로 시장으로 번역한 경우도 있다(LXE). **르호브**(רחוב)가 일반적으로 '큰 길'로 번역되었지만 경우에 따라서 **르호브**는 '광장'(open plaza, square)이란 뜻도 가지고 있다. 그러나 본문에서 **슈크**와 **르호브**가 함께 사용된 것을 통하여 이것을 '시장과 거리'(market places and street)로 번역할 수 있다.

문학적인 관점에서 1-2절은 반복법이 사용되고 있다. 즉 **나의 사랑하는 사람을 찾았다. 그를 찾았으나 내가 그를 발견하지 못했다**(에바크샤 에트 쉐-아하바 나프쉬 비카쉬티브 베-로 메짜티브, אבקשה את שאהבה נפשי בקשתיו ולא מצאתיו)를 반복적으로 사용하고 있다.

2절에 사용된 세 동사(일어나다, 돌아다니다, 찾다)는 히브리어 동사의 형태 가운데 화자의 의도를 나타내는 청유형(cohortative)을 취하고 있기 때문에 여인의 의도적인 행동을 알 수 있다.[138] 즉, 자신의 연인을 찾기 위하여 일어나 행동하는 여인의 간절함을 묘사하고 있다.

3:2의 의미는 '내가 일어나 도시를 배회하였다. 시장과 거리에서 나의 사랑하는 사람을 찾았다. 내가 찾았으나 내가 그를 발견하지 못

138) R. S. Hess, *Song of Songs*, p. 103.

する' 이다. 즉 갈망하는 마음으로 연인을 찾아 나섰지만 발견하지 못한 절망스러운 마음을 표현하고 있다.

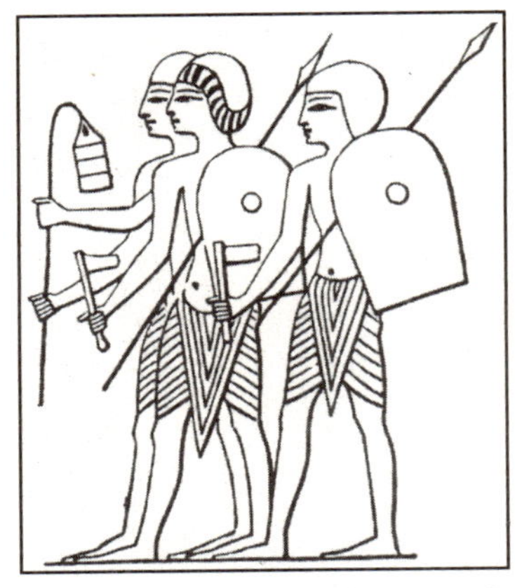
주전 14세기의 벽화로 이집트 군사들이 무기를 들고 순찰하는 모습

히브리어 원문에서는 사랑하는 사람을 찾는 자가 순찰자들을 만난 것이 아니라 순찰자들이 그를 만난 것이다.

3절 상반절의 **성 안을 순찰하는 자들을 만나서**(메짜아우니 하-쇼므림 하-소베빔 바-이르, מצאוני השמרים הסבבים בעיר)의 의미는 '도시를 돌고 있는 순찰자들이 나를 만났다' 이다. **성 안을 순찰하는 자들**의 문자적인 의미는 '도시 안에서 돌아다니는 자'(who go around in the city)이다. [139]

중아시리아의 법에 의하면 여인이나 딸들이 낮에 거리를 다니려면 허락을 받아야 했으며, 이 경우에도 특별한 제한이 있었다. 여자나 딸

139) M.H. Pope, *Song of Songs*, p. 418.

들은 베일을 가리고 다녔으나 창녀나 노예들은 가리지 않았다. 따라서 밤에 여인이 다닐 때에는 파수꾼들의 보호를 받을 수 없었다.[140]

　3:3의 의미는 '도시를 순찰하는 순찰자들이 나를 만났다. 내가 사랑하는 자를 보았느냐? 이다. 여인은 자신의 연인에 대하여 순찰자들에게 묻는다.

> 4 그들을 지나치자마자 마음에 사랑하는 자를 만나서 그를 붙잡고 내 어머니 집으로, 나를 잉태한 이의 방으로 가기까지 놓지 아니하였노라

　4절은 여자가 금방 자신이 사랑하는 자를 만났고, 그녀는 사랑하는 사람을 붙잡고 자신의 어머니의 집 방으로 데려올 때까지 그를 꼭 붙잡고 놓치지 않았다는 뜻이다. 아가서 전체에서 모성애는 중심적인 사상으로 등장한다(3:4, 11, 6:9, 8:1, 5). 그리고 **어머니**는 마치 이집트의 사랑노래에서 하토르 여신(Hathor)처럼 사랑을 보호하는 역할을 한다.[141] 따라서 어머니는 안전함을 내포하고 있다.

　여기서 **여인이 자신의 연인을 어머니 집의 방으로 데려가는 것**은 결혼을 목적으로 데려가는 것으로 추정된다. 이러한 사실은 3:6이하에 기록된 결혼식 날에 관한 노래를 통하여 알 수 있다. 어머니의 집에 관한 언급은 결혼식에서 어머니의 역할이 중요하기 때문이다.[142]

140) O. Keel, *The Song of Songs*, p. 123.
141) O. Keel, *The Song of Songs*, p. 124.

그러나 내 **어머니 집으로, 나를 잉태한 이의 방**이 여성의 자궁으로 이해한다면 4절은 여인과 연인의 성교에 관한 언급으로 이해할 수도 있다.[143]

3:4의 의미는 '내가 그들을 지나치자마자 나는 내가 찾던 사랑하는 사람을 만났다. 나는 그를 붙잡았다. 나는 그를 나의 어머니의 집, 나를 잉태한 방으로 데려올 때까지 그가 가도록 놓아두지 않았다' 이다. 여인은 자신이 간절한 마음으로 찾던 연인을 어렵게 만난 후 그를 놓치지 않기 위하여 꼭 붙잡고 자신의 어머니의 집으로 데리고 갔다.

5 예루살렘 딸들아 내가 노루와 들사슴을 두고 너희에게 부탁한다 사랑하는 자가 원하기 전에는 흔들지 말고 깨우지 말지니라

5절은 여인이 예루살렘의 딸들에게 간청하는 내용을 기록하고 있다. 즉 자신의 연인이 원하기 전까지 흔들어 깨우지 말라는 것이다.

노루로 번역된 히브리어 명사는 **쯔비야**(צביה)이며 그 의미는 '암 영양' (female gazelle)이다. 들사슴으로 번역된 히브리어 명사는 **아얄라 하사데**(אילה השדה)로 그 의미는 '들판의 암사슴' 이다. 노루와 들사슴을 걸고 맹세하는 것에 관하여는 아가 2:7을 참고하시오.

142) T. Longman III, *Song of Songs*, p. 131.

143) T. Gledhill, *The Message of the Song of Songs*, BTS, (Downers Grove, IL: InterVarsity, 1994), p. 145.

사랑하는 자가 원하기 전에는(하-아하바 아드 쉐-테흐파쯔, האהבה עד שתחפץ)으로 번역된 히브리어 원문의 의미는 '사랑하는 자가 즐거울 때까지' 이다.

흔들지 말고 깨우지 말지니라(임-타이루 베-임-트오르루, אם־תעירו ואם־תעוררו)는 같은 어근을 반복적으로 사용하여 '사랑하는 자가 즐거울 때 깨우지 말고 움직이지 말라' 이다. '흔들다' 로 번역된 히브리어 동사는 **하이르**(העיר)이며, '깨우다' 로 번역된 뜻의 히브리어 동사는 **오레르**(עורר)이다. 이 동사의 원래 의미는 '움직이기 시작하다' (to start to move)이다.

3:5의 의미는 '예루살렘 딸들아, 내가 노루와 들사슴을 두고 너희에게 부탁한다. 사랑하는 자가 원하기 전에는 흔들지 말고 깨우지 말지니라' 이다. 여인은 자신이 간절히 찾던 연인을 만나 그와 깊은 밤 사랑을 나눌 때 자신의 연인이 원하기 전까지는 깨우지 말 것을 부탁한다.

핵심 메시지

아가서 3:1-5은 자신의 연인을 찾아 나서는 여인의 갈망을 묘사하고 있다.

- 진정한 사랑은 연인이 떠나도 변하지 않는 것이며, 어떤 위험을 무릅쓰고라도 다시 찾는 것이다.
- 사랑은 어떤 환경에도 변하지 않으며, 결코 포기할 수 없는 절대적 가치를 가지고 있다.

두 연인의 결혼식 날(3:6-5:1)

아가서 3:6-5:1은 사랑과 결혼에 대한 주제로 아가서의 중심부에 해당한다. 이 구절은 남자와 여인의 대화 형식을 띠고 있다. 3:6-5:1은 다음과 같이 남녀의 교창 및 마지막 합창으로 구성되어 있다.

3:6-4:15	남자의 대화
4:16	여인의 대화
5:1a	남자의 대화
5:1b	합창

남자의 대화(3:6-4:15)

6 몰약과 유향과 상인의 여러 가지 향품으로 향내 풍기며 연기 기둥처럼

165

거친 들에서 오는 자가 누구인가 7 볼지어다 솔로몬의 가마라 이스라엘 용사 중 육십 명이 둘러쌌는데 8 다 칼을 잡고 싸움에 익숙한 사람들이라 밤의 두려움으로 말미암아 각기 허리에 칼을 찼느니라 9 솔로몬 왕이 레바논 나무로 자기의 가마를 만들었는데 10 그 기둥은 은이요 바닥은 금이요 자리는 자색 깔개라 그 안에는 예루살렘 딸들의 사랑이 엮어져 있구나 11 시온의 딸들아 나와서 솔로몬 왕을 보라 혼인날 마음이 기쁠 때에 그의 어머니가 씌운 왕관이 그 머리에 있구나 4: 1 내 사랑 너는 어여쁘고도 어여쁘다 너울 속에 있는 네 눈이 비둘기 같고 네 머리털은 길르앗 산 기슭에 누운 염소 떼 같구나 2 네 이는 목욕장에서 나오는 털 깎인 암양 곧 새끼 없는 것은 하나도 없이 각각 쌍태를 낳은 양 같구나 3 네 입술은 홍색 실 같고 네 입은 어여쁘고 너울 속의 네 뺨은 석류 한 쪽 같구나 4 네 목은 무기를 두려고 건축한 다윗의 망대 곧 방패 천 개, 용사의 모든 방패가 달린 망대 같고 5 네 두 유방은 백합화 가운데서 꼴을 먹는 쌍태 어린 사슴 같구나 6 날이 저물고 그림자가 사라지기 전에 내가 몰약 산과 유향의 작은 산으로 가리라 7 나의 사랑 너는 어여쁘고 아무 흠이 없구나 8 내 신부야 너는 레바논에서부터 나와 함께 하고 레바논에서부터 나와 함께 가자 아마나와 스닐과 헤르몬 꼭대기에서 사자 굴과 표범 산에서 내려오너라 9 내 누이, 내 신부야 네가 내 마음을 빼앗았구나 네 눈으로 한 번 보는 것과 네 목의 구슬 한 꿰미로 내 마음을 빼앗았구나 10 내 누이, 내 신부야 네 사랑이 어찌 그리 아름다운지 네 사랑은 포도주보다 진하고 네 기름의 향기는 각양 향품보다 향기롭구나 11 내 신부야 네 입술에서는 꿀 방울이 떨어지고 네 혀 밑에는 꿀과 젖이 있고 네 의복의 향기는 레바논의 향기 같구나 12 내 누이, 내 신

[램브란트가 그린 아가서의 신랑과 신부]

3:6-4:15은 남자의 대화로 구성되어 있다. 3:1-11은 신랑이 신부를 데
려오는 것을 묘사하는데, 그 가운데서 6-8절은 신랑에 대한 소개에
해당된다.

6 몰약과 유향과 상인의 여러 가지 향품으로 향내 풍기며 연기 기둥처럼
거친 들에서 오는 자가 누구인가

6절은 매우 서사적으로 묘사하고 있다. 향내가 나는 것을 사막에

유대광야에 있는 길

서 구름 기둥이 솟아 오르는 것으로 묘사 하기 때문이다. **기둥**을 뜻하는 히브리어 **티마라**(תימרה)는 '대추야자 같은 기둥' (palm like column)을 의미한다.

이 구절에서 향을 나타내는 단어는 모두 세 가지이다. **모르**(מור)는 '몰약'(myrrh)을 뜻하며, **레보나**(לבונה)는 '유향'(frankincense)이며, **아브카트 로켈**(אבקת רוכל)은 상인들이 가져오는 '향가루'를 의미한다.

향내 풍기며를 뜻하는 히브리어 동사는 **쿠타르**(קטר)의 여성단수 분사형으로 사용되었다. 이 광경은 고대 시대의 유향을 판매하던 대상들이 사막에서 먼지를 풍기며 오는 모습을 마치 '향냄새를 풍기며 오는 것 같다'고 묘사한 것이다. 즉

[유대인의 결혼식 장면]

고대 이스라엘의 향품 교역의 상황을 묘사한 것이다.

거친 들(미드바르, מדבר)은 '들판'(steppe)이란 의미이다. 히브리어 미드바르는 사막은 아니지만 메마른 미개지(未開地)를 말한다. 히브리어의 지리적 명칭 가운데 광야를 뜻하는 히브리어는 **미드바르**(מדבר), **아라바**(ערבה), **호르마**(חרמה), **찌야**(ציה), 그리고 헬라어로는 **에레모스**(ἔρημος) 등이 있다. 첫째, **미드바르**는 사막은 아니지만 메마른 미개지를 말한다. 곧 씨 뿌리지 못하는 땅(렘 2:2), 사람 없는 땅(욥38:26), 짐승의 부르짖는 광야(신 32:10)라는 뜻으로 사용되고 있다. 따라서 유대 광야란 해발 500-700m의 낮은 산들이 연결된 곳으로 식물을 재배할 수 없는 곳을 의미한다. 둘째, **아라바**는 메마른 지역 혹은 외딴 지역을 말하며 사막이나 광야로 번역되는데 **미드바르**와 동일하게 사용하기도 한다. 셋째, **호르마**는 황량한 곳, 폐허 혹은 버려진 땅 등을 가리키며 광야로 번역된다. 따라서 사막 지대와는 관계없이 이미 파괴되었거나 재건할 수 있는 폐허된 도시나 장소를 가리킨다. 넷째, **찌야**는 물이 없는 땅을 가리킨다. 시편 78:17에는 황야로 번역되었는데 이 용어도 **미드바르**와 함께 사용되기도 한다. 마지막으로 **에레모스**는 광야, 사막, 외로운 곳 등을 가리킨다. 유대 광야(마 3:1)를 제외하고는 특정 사막 지대를 지적한 경우는 없다. 이 외에도 **토후**(תהו, 헛된 것, 황무지, 삼상 12:21)와 **예쉬몬**(시 78:40) 등이 있다. **144)**

그러나 문법적으로 6절은 문제점이 많다. 그 가운데서 오는 자가 여성으로 묘사된 부분이다. "오는 자가 누구인가"에서 히브리어 여성 의문대명사를 사용하기 때문이다(미 조트, מי זאת). 따라서 폭스(M.V. Fox)는 6절이 여성의 대화라고 주장한다.[145]

3:6의 의미는 '들판으로부터 연기 기둥들처럼 몰약, 유향, 상인들의 향가루를 풍기며 올라오는 자가 누구인가? 이다.

> 7 볼지어다 솔로몬의 가마라 이스라엘 용사 중 육십 명이 둘러쌌는데 8 다 칼을 잡고 싸움에 익숙한 사람들이라 밤의 두려움으로 말미암아 각기 허리에 칼을 찼느니라

7-8절은 6절의 질문에 대한 대답이다.

7절의 **솔로몬의 가마**(미타토 쉘리슐로모, מטתו שלשלמה)는 문자적으로는 '솔로몬의 침상'(Solomon's bed)이라고 해석해야 한다. 그러나 사무엘하 3:31에서는 같은 히브리어 단어인 **미타**(מטה)가 "상여"로 번역되었기 때문에 7절을 '솔로몬의 가마'로 해석할 수 있다. 킬은 히브리어 미타를 '이동용 침상'(portable bed)으로 번역한다.[146] 그러나 전체적으로 3:6 이하가 신랑이 신부를 데려오는 상황이기 때문에 솔로몬의 가마로 번역하는 것이 바람직하다. 솔로몬 시대의 용사(그바림, גברים)의

---

144) 김영진, 『이스라엘 역사 서설』(광주: 올람하타낙, 2002), p. 114.

145) M. V. Fox, *The Song of Songs and the Ancient Egyptian Love Songs*, (Madison: University of Wisconsin Press, 1985), pp. 119-127.

146) O. Keel, *The Song of Songs*, p. 128.

존재는 사무엘하 23:18-19, 23에서 잘 알 수 있다.

솔로몬의 가마는 최상급의 가마를 의미한다. 가마는 화려함과 호화로움을 상징할 뿐만 아니라 권력을 상징하기도 한다.[147] 여기에 고대 이스라엘의 가장 부유하던 솔로몬의 이름이 결합되어 최고의 가마를 의미한다.

8절의 **칼을 잡고 싸움에 익숙한 사람들**은 손에 칼을 잡고 있을 뿐만 아니라 이것을 사용할 줄 아는 사람들이다. 이들의 역할은 어떤 상황 속에서도 가마가 멈춰 서지 않고 계속 가게 하는 것이다.

이집트의 가마

본문의 의도는 신랑의 친구들이 칼로 무장하고는 행렬을 호송하는데, 밤의 두려움으로부터, 첫날밤에 닥칠지도 모르는 마성적인 위험으로부터 신부를 보호하려는 의미가 담겨 있다(시 91:5).

3:7-8의 의미는 '보라! 솔로몬의 가마를! 이스라엘의 용사들 가운데 육십 명의 용사가 둘러싸고 있는데 이들은 모두 칼을 잡고 있으며, 전쟁을 배운 자들이라. 각 사람이 밤의 두려움 때문에 허리에 칼을 차고 있다' 이다. 신랑이 신부를 데려오는데 그 화려함을 솔로몬의 가마에 비교하고 있다.

147) T. Longman III, *Song of Songs*, p. 136.

> 9 솔로몬 왕이 레바논 나무로 자기의 가마를 만들었는데 10 그 기둥은 은
> 이요 바닥은 금이요 자리는 자색 깔개라 그 안에는 사랑이 엮어져 있구나

9-10절은 신부를 데려오기 위하여 만든 의자 가마의 화려한 장식을 매우 구체적으로 묘사하고 있다.

가마를 뜻하는 히브리어는 **아프리온**(אפריון)으로 구약성경에서는 단 한 차례 사용되었으며, 그 뜻은 '의자 가마'(sedan chair, palanquin)이다. 이 단어는 산스크리트어에서 유래된 것으로 추정한다.[148]

레바논 나무는 백향목을 의미한다. 백향목은 고대 근동 세계에서 신전을 건축할 때 사용하는 값비싼 목재로 알려졌다.

바닥으로 번역된 히브리어 **레피다**(רפידה) 역시 한 번만 사용된 단어이며, 그 뜻을 정확히 알 수 없다. 일반적으로 '등'(back)으로 이해한다.

자색 깔개는 히브리어로 **메르카보 아르가만**(מרכבו ארגמן)이며, '보라색 안장'(seat of purple)이란 의미이다.

아가 4:10, 7:6의 보라색을 뜻하는 **아르가만**(ארגמן)은 페니키아 해안 지역에서 생산되는 색을 의미한다. 아가서에 이러한 용어들이 사용된 것은 이스라엘의 국제 교역을 보여주는 좋은 흔적이다.[149]

3:9-10의 뜻은 '왕 솔로몬은 자신을 위하여 레바논의 나무(즉 백향목)로 의자 가마를 만들었다. 가마의 기둥은 은이고, 안장은 보라색이

148) S. Malena, "Spice Roots in the Song of Songs," p. 170.
149) S. Malena, "Spice Roots in the Song of Songs," p. 169.

고, 그 내부는 예루살렘의 딸들의 사랑으로 도금하였다' 이다.

10ᵉ 예루살렘 딸들의 11 시온의 딸들아 나와서 솔로몬 왕을 보라 혼인날 마음이 기쁠 때에 그의 어머니가 씌운 왕관이 그 머리에 있구나

주전 19세기 이집트왕 아메네헤트 3세 부인의 묘에서 출토된 금왕관

10ᵉ-11절을 해석하는데 있어서 가장 중요한 포인트는 10ᵉ절의 예루살렘의 딸(브노트 예루샬라임, בנות ירושלם)을 11절에 붙여서 읽고 해석하는 것이다. 그러나 우리말 성경은 10ᵉ의 예루살렘의 딸을 10ᵈ절에 붙여서 해석하였다.

시온의 딸(브노트 찌온, בנות ציון)이란 표현은 예루살렘의 딸에 대한 다른 표현으로 아가서에서만 등장한다. 예레미야애가 4:2에서는 '보배로운 시온의 아들들' 이란 표현이 등장한다. '시온' 은 고대 예루살렘 가운데 특정 지역을 지칭하는데, 예루살렘의 중심을 상징한다.150) 즉 다윗 성을 지칭하거나(삼하 5:7) 성전 산 지역(사 29:8)을 지칭한다. 그러나 후대에는 시온이 예루살렘을 의미하는 명칭으로 사용되었다.

11절에는 결혼식 때의 왕의 복장을 묘사하고 있는데, 이에 대한 좀

150) T. Longman III, *Song of Songs*, p. 139.

173

더 자세한 묘사는 시편 45:8-9에 기록되어 있다.

8 왕의 모든 옷은 몰약과 침향과 육계의 향기가 있으며 상아궁에서 나오는 현악은 왕을 즐겁게 하도다 왕이 가까이 하는 여인들 중에는 왕들의 딸이 있으며 왕후는 오빌의 금으로 꾸미고 왕의 오른쪽에 서도다(시 45:8-9).

고대 이스라엘과 시리아

시편 45:11에는 평민 신부의 화려한 복장을 묘사하고 있다. 그러나 일반 신랑이 왕관이나 화관을 쓰는 것은 후기 성경 시대부터 등장하는 문학적 표현이다.

그의 어머니가 씌운 왕관이란 표현은 왕후가 왕위 계승에 중요한 역할을 하였음을 보여주는 것이며, 솔로몬의 경우 특히 더 그러하다(왕상 1:11-31). 이러한 표현은 전통적인 왕권 개념을 비신격화한 표현이다. 전통적인 생각은 하나님께서 왕을 세우신다는 왕권신수설적 개념을 가지고 있다. 그러나 본문에서는 솔로몬의 어머니가 왕을 만들어 왕관을 씌웠다고 기록함으로써 왕의 즉위에 관계된 왕모의 역할을 강조하고 있다.

마음이 기쁠 때(심하트 리보, שמחת לבו)라는 표현은 최상급의 표현이다. 왜냐하면 사람에게 있어서 가슴은 중심이기 때문이다. 151)

3:10ᵉ-11의 의미는 '예루살렘의 딸들아 나와라! 시온의 딸들아 보아라! 솔로몬 왕을, 그의 어머니가 씌워준 그의 왕관을 결혼식 날, 그의 마음이 기쁜 날에' 이다. 따라서 10ᵉ-11절은 가장 기쁜 날인 결혼식 날의 기쁨과 즐거움을 노래하였다.

> 4:1 내 사랑 너는 어여쁘고도 어여쁘다 너울 속에 있는 네 눈이 비둘기 같고 네 머리털은 길르앗 산 기슭에 누운 염소 떼 같구나

151) O. Keel, *The Song of Songs*, p. 137.

4:1-7은 신랑이 신부를 맞이하면서 부르는 노래이다. 이 노래는 신랑이 신부의 아름다움을 묘사하는 노래(descriptive song)이다. 신부의 머리부터 밑으로 내려가면서 신체의 아름다움을 묘사하고 있다. 대체로 문장이 명사로 구성되어 있어 해석할 때 be동사를 첨부하여 이해해야만 한다.

아가 4:1에서도 같은 표현을 반복하면서 강조하고 있다. 히브리어 시에서 많이 사용되는, 반복을 통한 강조이다. 즉 **너는 어여쁘고도 어여쁘다**(히나크 야파....... 히나흐 야파, הנך יפה .... הנך יפה)는 '너는 얼마나 아름다운가… 정녕 그대는 아름답구려' 로 번역할 수 있다. 곧 가장 아름답다는 것을 표현한 것이다.

비둘기는 일반적으로 상냥함과 부드러움의 상징으로 많이 사용된다.[152]

너울 속으로 번역된 히브리어 원문(미바아드 레짜마테크, מבעד לצמתך)의 의미는 '너의 베일 너머'(behind your veil)이다.

염소 떼로 번역된 히브리어 원문은 **에데르 하-이짐**(עדר העזים)이다. 특히 에데르는 '가축의 떼'(herd)를 의미한다.

누운으로 번역된 것은 오역(誤譯)이다. '눕다' 로 번역된 히브리어 동사(갈라쉬, גלש)의 의미는 '껑충껑충 뛰다'(to hop)이다. 신부의 눈을

152) D. A. Garett, Proverbs, *Ecclesiastes, Song of Songs*, The New American Commentary, Nashville: Broadman Press, 1993, p. 404.

비둘기의 눈으로 마치 머리카락을 껑충껑충 뛰면서 휘날리는 염소의 수염으로 묘사한 것이다.

길르앗(Gilead)은 갈릴리 호수 북쪽에 위치한 비옥한 지역이다. 따라서 길르앗 산 기슭에 누운 염소 떼같다는 것은 비옥한 곳에서 자란 염소 떼같다는 의미이다.

4:1의 의미는 '너는 얼마나 아름다운가, 나의 사랑이여. 정녕 그대는 아름답구려. 너울(혹은 베일) 너머로 보이는 그대의 두 눈은 비둘기 같고, 그대의 머리채는 길르앗 비탈을 내리닫는 염소 떼와 같다' 이다. 즉 남자가 자신의 여인의 아름다움을 묘사하고 있다.

> 2 네 이는 목욕장에서 나오는 털 깎인 암양 곧 새끼 없는 것은 하나도 없이
> 각각 쌍태를 낳은 양 같구나

아가 4:2에서 '신부의 하얀 이'를 세척장에서 올라오는 '털을 깎으려는 양 떼'와 비교하고 있다.

쌍태를 낳은(마티모트, מַתְאִימוֹת)의 의미는 '쌍둥이를 낳다' (to bear twins)이다.

새끼 없는(샤쿨, שַׁכּוּל)의 뜻은 '새끼를 잃은' (lost children, lost offspring)이다. 이러한 표현은 아가서 6:6에서도 반복적으로 나타나는데, 양 대신 암양으로 대체되어 있다. 일반적으로 하얀 양털을 생산하기 위해서는 털을 깎기 전에 양을 씻는다(사 1:18; 시 147:16; 단 7:9). 양은 쌍둥이

를 낳을 수 없는데 쌍둥이를 낳는다는 표현은 축복받은 생산임을 강조한 것이다.[153] 따라서 이 구절에서는 신부의 하얀 이가 전혀 손실되지 않았음을 강조하고 있다. 시인의 상상력에 의한 표현이라고 할 수 있다.

결혼식에서 신랑이 신부를 털 깎인 암양으로 비유하는 것은 고대 이스라엘에서 양의 털을 깎는 것은 매우 기쁜 축제였기 때문에(삼하 13:23, 삼하 25:4 이하) 결혼식에서 신부를 기다리는 남자의 마음의 기쁨을 마치 양털을 깎으려는 그 기쁨의 축제와 비교한 것이다.

4:2의 의미는 '그대의 이는 털을 깎으려고 세척장에서 올라오는 양 떼 같다오. 모두 쌍둥이를 낳아 새끼를 잃은 것이 하나도 없구나. 진홍색 줄과 같은 그대의 입술' 이다.

> 3 네 입술은 홍색 실 같고 네 입은 어여쁘고 너울 속의 네 뺨은 석류 한 쪽 같구나

3절에서는 입술을 홍색 실로 비유하였고, 뺨을 석류에 비유하였다. 따라서 신부의 입술이 매우 매력적임을 강조하고 있다. 일반적으로 입(페, פֶּה)은 '언어' 라는 의미와 '말' 이란 의미를 지니는데 본문에서는 말하는 기관인 입 그 자체를 의미한다. 이처럼 여인의 입술과 얼굴에

---

153) M.H. Pope, *Song of Songs*, p. 461.

대한 묘사 및 찬양은 고대 근동의 사랑노래에서 흔하게 발견된다.

석류는 성적인 은유[154]로 많이 사용될 뿐만 아니라 석류 자체가 고대 근동에서는 최음제로 이용되었다. 석류는 모세가 가나안 땅으로 보낸 정탐꾼들이 가나안의 풍요로움을 나타내는 징표로

벧 구부린에서 찍은 석류

가져온 과일 가운데 하나로서 신명기 8:8에 기록된 대로 가나안 땅에서 재배되는 일곱 가지 열매 가운데 하나이다. 석류는 히브리어로 **림몬**(רמון, pomegranate)이다. 석류나무는 봄에 붉은 꽃을 피우며 모양이 매우 장식적이고 냄새도 특이하다. 열매는 단단하며 붉은 색을 띤다. 열매 속에는 많은 씨가 들어있다. 석류 주스는 종종 포도주와 섞어 마시기도 한다(아 8:2). 열매의 씨는 촌충을 제거하는 약으로 사용되었으며, 이집트와 가나안 지역에서 많이 재배되었다.[155]

석류는 그 모양이 아름답기 때문에 여러 가지 장식의 소재로 사용되었다. 출애굽기 28:33-34에 의하면 아론 제사장의 옷 가장자리에 석류를 수놓았다. 열왕기상 7:18, 42에 의하면 예루살렘 성전 기둥의

---

154) D.A. Garett, *Proverbs, Ecclesiastes, Song of Songs*, p. 404.
155) 김영진, 『이스라엘 역사』, p. 81

제사장 규 머리에 장식된 석류

기둥머리(capital)에 석류를 새겨 넣었다. 또한 제사장들의 규의 끝을 장식하는 장식품도 석류 모양으로 되어 있다. 고대 근동에서 석류의 씨는 곧 다산을 상징하였다. 석류는 특히 그 모양과 향기로운 냄새 때문에 아가서에 많이 언급된다. 그래서 4:3(6:7)에서는 어여쁜 여인의 뺨을 석류에 비유하고 있다.

석류가 철기 시대 이스라엘 지역에서 재배되었다는 증거는 고고학적으로도 증명되었다. 텔 키리(Tell Qiri)와 텔 할리프(Tell Halif)에서 석류의 잔재가 발견되었다. 또한 제사장들이 가지고 다니던 규에 끼우는 높이 43㎝ 크기의 석류 모양의 상아 장식이 예루살렘에서 발견되었다. 이 석류 모양의 상아 장식은 주전 8세기 것으로 추정된다.

4:3의 의미는 '네 입술은 홍색실 같고, 네 입은 어여쁘다. 너울 뒤로 보이는 그대의 볼은 석류 조각 같다' 이다.

4 네 목은 무기를 두려고 건축한 다윗의 망대 곧 방패 천 개, 용사의 모든 방패가 달린 망대 같고 5 네 두 유방은 백합화 가운데서 꼴을 먹는 쌍태 어린 사슴 같구나

아시리아 왕 산헤립이 라기스를 공격할 때
이를 방어하는 이스라엘 군인의 모습

4절에서는 **목**(짜바르, צואר)을 (다윗의) '탑' 으로 비유하였다. 히브리어
명사 **짜바르**의 의미는 '목' (neck) 혹은 '목의 뒷부분' (back of neck)이다.
무기(탈피오트, תלפיות)와 다윗의 망대가 서로 연결되어 '무기를 두기 위
하여 건축한 다윗의 탑' 이란 뜻이다. 이처럼 신부를 묘사하는데 있

어서 군사적인 용어가 사용된 것은 신부란 어떤 사람도 정복할 수 없음을 강조하는 것이다.[156]

5절에서는 신부의 가슴을 어린 수사슴에 비유한다. 이것은 생명의 따뜻함을 상징하는 것이다.[157]

4:4-5의 의미는 '다윗 탑 같은 그대의 목은 층층이 잘도 지어졌구나. 거기에는 천 개의 방패들이 달려 있는데 모두가 용사들의 원방패들이구나. 그대의 두 젖가슴은 나리꽃 사이에서 풀을 뜯는 한 쌍의 젊은 사슴, 쌍둥이 노루 같다' 이다.

> 6 날이 저물고 그림자가 사라지기 전에 내가 몰약 산과 유향의 작은 산으로 가리라 7 나의 사랑 너는 어여쁘고 아무 흠이 없구나

6절의 번역상 가장 어려운 동사는 '저물다' 라고 번역된 **야푸아흐**(יפוח)이다. 이 구절의 의미는 '오후에 찬바람이 도착하다' 이다.

그림자로 번역된 히브리어는 **쩰**(צל)이며, 뜻은 '그림자' (shadow)이다. 이 명사의 복수형은 조금 특이한 형태로 **쯔랄림**(צללים)이다.

7절은 1절에서 언급하였던 **너는 어여쁘고도 어여쁘다**라는 표현을 다시 한 번 확증하는 표현이다. 그리고 흠이 전혀 없는 것으로 묘사하고 있다.

156) D.A. Garett, *Proverbs, Ecclesiastes, Song of Songs*, p. 405.
157) O. Keel, *The Song of Songs*, p. 151.

흠(뭄, מום)을 부정사(에인, אין)와 함께 사용하여 흠이 없는 사랑의 온전함을 나타냈다. 히브리어 **뭄**은 '흠'(spot, blemish)을 뜻한다. 즉, 보석에 있는 흠과 같이 아무리 소중한 것도 흠이 있으면 그 가치가 떨어지는데 자신의 연인은 아무런 흠도 없는 매우 가치있는 존재임을 보여준다.

4:6-7의 의미는 '날이 저물고 그림자가 도망가기 전에 내가 몰약 산과 유향 언덕으로 갈 것이다' 라는 뜻이다.

8 내 신부야 너는 레바논에서부터 나와 함께 하고 레바논에서부터 나와 함께 가자 아마나와 스닐과 헤르몬 꼭대기에서 사자 굴과 표범 산에서 내려오너라

| 이집트 신부 | 유대인 신부의 모습 |

내려오너라는 히브리어 동사 **슈르**(שור)이며, 그 의미는 '내려오다'(to climb down)이다. **굴**(메오나, מעונה)은 짐승의 굴 특히 '사자의 굴'(lair for lion)을 의미한다. 8절에서 강조하는 것은 여인의 무관심 내지는 접근할 수 없는 것과 이것을 정복할 수 있는 남자의 힘에 대하여 노래하고 있다. 남자는 여자를 신과 같은 지위에서 내려오도록 유도하고 있다.

스닐(Senir)은 아모리 사람들이 헬몬 산을 부르는 명칭이다. 시돈 사람들은 헬몬 산을 시리온(Sirion)으로 불렀다. 역대상 5:23에도 스닐과 헬몬 산이 함께 등장한다. 그러나 스닐과 헬몬이 동의어인지 분명하지 않다. 뿐만 아니라 스닐이 헬몬 산의 일부분을 지칭하는 용어인지도 불분명하다.[158]

4:8의 의미는 '레바논으로부터 나와 함께 하자. 신부야! 레바논으로부터 나와 함께 가자. 아마나 꼭대기와 스닐 꼭대기로부터 헤르몬의 사자들의 거주지로부터 표범의 산으로부터 내려가자' 이다.

4:8은 신랑은 자신의 신부가 다가갈 수 없는 곳 혹은 최정상에 있는 소중한 자라는 사실을 나타내는 동시에 자신이 이 신부를 얻게 되었다는 자신의 능력을 과시하고 있다.

> 9 내 누이, 내 신부야 네가 내 마음을 빼앗았구나 네 눈으로 한 번 보는 것과 네 목의 구슬 한 꿰미로 내 마음을 빼앗았구나 10 내 누이, 내 신부야 네 사랑이 어찌 그리 아름다운지 네 사랑은 포도주보다 진하고 네 기름의 향기는 각양 향품보다 향기롭구나 11 내 신부야 네 입술에서는 꿀방울이 떨어

158) M.H. Pope, *Song of Songs*, p. 475.

지고 네 혀 밑에는 꿀과 젖이 있고 네 의복의 향기는 레바논의 향기 같구나

9절의 히브리어 사용은 매우 불명확하다.

내 누이(아호티, אֲחֹתִי)라는 호칭에서 누이와 형제는 혈연관계가 아닌 자들로서 친밀한 관계를 나타낼 때 사용된다. [159] 수메르어로 된 사랑노래인 두무지-인안나(Dumuzi-Inanna) 사랑노래에서 연인은 자신의 여자를 '내 누이' 라고 부른다. [160]

이집트 사랑의 노래인 하리스 파피루스(Harris Papyrus 500 number 6)에서도 자신의 연인을 누이라고 부른다. "나는 집안에 드러누워 아픈 체하리라. 내 이웃들이 나를 방문할 때 내 누이도 오리라. 그녀는 의사들을 무색케 하리라. 그녀만이 내가 왜 아픈지 알기 때문이다."

그런데 **마음을 빼앗았구나**(리베브, לִבַּבְתִּנִי)는 '유혹하다' (to enchant)는 의미의 리베브 동사가 사용되었다. 따라서 신부가 남자의 마음이 정상적이지 않게 만들었다는 뜻이다. '마음을 빼앗았다' 는 것은 곧 '이성을 마비시켰다' 는 뜻이다. 왜냐하면 고대 이스라엘에서 마음(לֵב)은 감성적인 곳이 아니라 이해하는 곳으로 생각하였기 때문이다. 따라서 구약성경에서 '마음이 없다' 는 것은 곧 '이성이 없는 무식하거나 무지하다' 는 뜻이다(호 7:11). 그러나 발트만(N.M. Waldman)은 아카드어 리부(libbu)를 근거로 9절의 레베브(לִבַּב)가 성적인 의미를 포함하고 있

---

159) M.H. Pope, *Song of Songs*, p. 480.
160) *CS I*, p. 541.

다고 주장한다. 따라서 그는 마음을 **빼앗았구나**라는 표현은 성적인 교제를 할 수 있는 능력을 갖게 했다는 뜻으로 이해하였다.[161]

9절에서는 **구슬꿰미**를 뜻하는 히브리어로 **아낙**(ענק)이 사용되었다. 이 말은 사사기 8:26에 의하면 미디안 사람들의 낙타 목걸이 장식을 의미한다. 따라서 낙타 목 장식을 의미하던 용어가 여인의 목 장식을 의미하는 용어로 사용된 것은 국제 교역의 영향인 것으로 보인다.

10-11절에서 남자는 여인과의 애무의 기쁨을 찬양하고 있다. 11절의 **꿀방울**(네페트, נפת)은 '흐르는 꿀'(flowing honey) 혹은 '벌집의 꿀'(honey from comb)이란 뜻이다. **의복**(샬마, שלמה)의 정확한 의미는 '옷'(garments) 혹은 '외투'(mantle)이다.

4:9-11의 의미는 '나의 마음을 빼앗았구나! 나의 누이 신부야! 너의 한 번 봄으로, 네 목의 목걸이 한 줄로 나의 마음을 빼앗았구나! 너의 사랑이 얼마나 아름다운지 나의 누이 신부여! 너의 사랑은 포도주보다 즐겁고, 네 기름의 향기는 모든 종류의 향품보다 즐겁구나. 네 입술은 꿀이 떨어진다. 신부야! 꿀과 젖이 네 혀 밑에 있고, 네 의복의 향기가 마치 유향의 향 같다'이다.

> 12 내 누이, 내 신부는 잠근 동산이요 덮은 우물이요 봉한 샘이로구나 13 네게서 나는 것은 석류나무와 각종 아름다운 과수와 고벨화와 나도풀과 14

---

161) N.M. Waldman, "A Note on Canticles 4,9," *JBL* 89 (1970), pp. 215-217.

나도와 번홍화와 창포와 계수와 각종 유향목과 몰약과 침향과 모든 귀한 향품이요 15 너는 동산의 샘이요 생수의 우물이요 레바논에서부터 흐르는 시내로구나

12절을 번역하는데 가장 어려운 점은 **덮은 우물이요 봉한 샘이로구나**(갈 나울 마이얀 하툼, גל נעול מעין חתום)를 어떻게 해석해야 하는 것이다. 많은 사본(70인역, 라틴역 등)에서는 히브리어 **갈**(גל)을 '동산'을 뜻하는 **간**(גן)으로 고쳐 해석한다. 이렇게 본문을 고치면 **갈 나울 마이얀 하툼**(גל נעול מעין חתום)은 **간 나울 마이얀 하툼**(גן נעול מעין חתום)이며, 그 의미는 '잠긴 동산, 봉한 우물'이다. 우리말 성경은 이러한 본문 수정을 따르지 않았지만 이러한 본문 수정을 따르는 성경은 Jewish Study Bible이 대표적이다. 아가 8:13에서는 여자에 대하여 동산에 거주하는 자로 묘사하고 있다.

동산(간, גן)은 아가 4:15, 16, 5:1, 6:2, 11에서 반복적으로 사용되며, 여성에게 적용된다.[162]

석류나무는 고대 근동 특히 수메르어로 기록된 거룩한 결혼 노래에서 성적 상징으로 사용되었다.[163] 석류에 대한 자세한 논의는 4:3을 참고하시오.

번홍화(saffron)는 구약성경에 단 한번만 등장한다.

번홍화

---

162) M.H. Pope, *Song of Songs*, p. 488.
163) M.H. Pope, *Song of Songs*, p. 491.

창포(카네, קָנֶה)는 방향제로 사용된다. [164] 창포의 원산지에 대하여 다양한 견해가 제시된다. 예레미야 6:20에서 창포는 '먼 곳에서' 온 것으로 기록하고 있다. 닐슨(K. Nielsen)은 아카드어의 창포를 뜻하는 카누(*qanû*)라는 단어의 사용을 통하여 메소포타미아가 원산지일 것으로 추정한다. [165] 켈러(L. Koehler)와 바움가르트너(W. Baumgartner)는 창포를 페르시아 갈대라고 주장한다. 그러나 포프는 창포의 원산지를 레바논과 아라비아 지역으로 추정한다. [166]

4:12-15의 의미는 '내 누이 나의 신부는 잠긴 동산이며, 봉한 우물이다. 너의 사지는 동산의 석류나무, 맛있는 열매와 고벨화, 나도풀, 나도, 번홍화, 창포, 계수와 각종 유향목과 몰약과 침향과 모든 귀한 향품이다. 너는 동산의 샘이며, 생명의 우물이며, 레바논에서부터 흐르는 시내이다' 라는 뜻이다.

여자에게 향유를 나눠주는 광경

164) M.H. Pope, *Song of Songs*, p. 493.
165) K. Nielsen, *Insense in Ancient Israel*, J.A. Emerton et al. eds., VTSup. 38 (Leiden: Brill, 1986), p. 63.
166) M.H. Pope, *Song of Songs*, pp. 493-494.

여인의 대화(4:16)

16절은 여인의 대화이다.

16 북풍아 일어나라 남풍아 오라 나의 동산에 불어서 향기를 날리라 나의
사랑하는 자가 그 동산에 들어가서 그 아름다운 열매 먹기를 원하노라

북풍(짜폰, צפון)이란 찬 바람을 가리킨다. 또한 고대 근동 사람들에게
있어서 북쪽은 신들의 신화적인 산이 위치하는 곳으로 인식하였
다.[167] 따라서 16절은 동산에 찬 북풍과 더운 남풍이 불어서 정원의
식물을 자라게 하여 향기의 바다처럼 정원의 향기가 가득하기를 원
하고 있다.

4:16은 여자의 말로서 그 의미는 '일어나라, 북풍아! 오너라 남풍
아(마파람아)! 불어라, 내 정원에, 온갖 향료들이 흘러내리게! 나의 연인
이 자기 정원으로 와서 이 맛있는 과일을 따먹을 수 있도록!' 이다.

---

167) M.H. Pope, *Song of Songs*, p. 498.

남자의 대화(5:1a)

5:1a은 남자의 대화이다.

> 5:1ᵃ 내 누이, 내 신부야 내가 내 동산에 들어와서 나의 몰약과 향 재료를 거두고 나의 꿀송이와 꿀을 먹고 내 포도주와 내 우유를 마셨으니

5:1a의 남자는 매우 기분이 좋은 상태이다. 따라서 몰약, 발삼, 꿀송이, 꿀, 포도주, 우유 등은 기쁨을 나타낸다. 또한 먹다(아클루, וֹאכלּ), 마시다(슈투, שׁתוּ), 취하다(쉬크루, שׁכרוּ) 세 동사 역시 기쁨을 나타내는 동사로 쓰인다.

5:1a은 남자의 말로서 그 의미는 '나의 누이 나의 신부여! 나의 동산으로 내가 왔나이다. 내 몰약과 발삼을 거두고 꿀이 든 내 꿀송이를 먹고 젖과 함께 내 포도주를 마시고, 친구여! 먹고, 마시고 취하라' 이다.

합창(5:1b)

5:1b는 합창 부분으로 구성되어 있다.

개역개정판 성경에서는 두 개의 동사만 등장하지만 히브리어 성경 5b에는 세 개의 동사가 남성 복수 명령형으로 사용된다. 즉 **먹어라, 마셔라, 취하여라**이다.

그러나 문제는 5:1b를 누가 말하는가이다. 먼저, 5:1b는 남자와 여자가 각자의 친구들에게 하는 말로 이해될 수 있다.[168] 다르게는 아가서에 등장하는 예루살렘 딸들이 신랑과 신부에게 하는 합창으로도 이해할 수 있다.

5:1b의 의미는 '먹어라 나의 친구들아! 마셔라 사랑에 취하여라!'이다.

핵심 메시지

아가서 3:6-5:1b는 신랑과 신부가 서로를 찬양하는 노래이다.

- 결혼은 신부와 신랑의 아름다움을 서로 찬양함을 통하여 상호 존중하는 것이다.
- 결혼은 연회의 즐거움과 같이 기쁜 일이다.
- 본 단락은 하나님의 창조물인 신체의 아름다움을 노래하며, 육체 세계의 기쁨과 관능을 노래하고 있다.

168) R. S. Hess, *Song of Songs*, p. 156.

젊은 여인이 밤에 청년을 찾음(5:2-7:11)

아가서 5:2-7:11은 다음 일곱 가지 내용을 포함하고 있다.

5:2-8	연인과의 이별과 여인이 밤에 가버린 연인을 찾음
5:9-16	연인의 아름다움을 머리부터 아래로 찬양함
6:1-3	예루살렘 여인들에 대한 여자의 선언
6:4-9	여인의 아름다움에 대한 남자의 찬양
6:10-12	예루살렘 여자들에 대한 여자의 선언
6:13-7:7	연인의 아름다움을 발에서부터 위로 찬양함
7:8-10	연인의 결합

가버린 연인을 찾아(5:2-8)

2 내가 잘지라도 마음은 깨었는데 나의 사랑하는 자의 소리가 들리는구나 문을 두드려 이르기를 나의 누이, 나의 사랑, 나의 비둘기, 나의 완전한 자야 문을 열어 다오 내 머리에는 이슬이, 내 머리털에는 밤이슬이 가득하였다 하는구나 3 내가 옷을 벗었으니 어찌 다시 입겠으며 내가 발을 씻었으니 어찌 다시 더럽히랴마는 4 내 사랑하는 자가 문틈으로 손을 들이밀매 내 마음이 움직여서 5 일어나 내 사랑하는 자를 위하여 문을 열 때 몰약이 내 손에서, 몰약의 즙이 내 손가락에서 문빗장에 떨어지는구나 6 내가 내 사랑하는 자를 위하여 문을 열었으나 그는 벌써 물러갔네 그가 말할 때에 내 혼이 나갔구나 내가 그를 찾아도 못 만났고 불러도 응답이 없었노라 7 성 안을 순찰하는 자들이 나를 만나매 나를 쳐서 상하게 하였고 성벽을 파수하는 자들이 나의 겉옷을 벗겨 가졌도다 8 예루살렘 딸들아 너희에게 내가 부탁한다 너희가 내 사랑하는 자를 만나거든 내가 사랑하므로 병이 났다고 하려무나

5:2-8은 자신을 찾아온 연인에게 문을 열어주지 않아 연인이 가버린 것을 아쉬워하며 자신의 연인을 찾는 여자의 말이다.

2 내가 잘지라도 마음은 깨었는데 나의 사랑하는 자의 소리가 들리는구나 문을 두드려 이르기를 나의 누이, 나의 사랑, 나의 비둘기, 나의 완전한 자

깨었는데의 뜻으로 번역된 히브리어는 **에르**(עֵר)이다. 에르는 어근이 √עור의 분사형이다. 이 단어의 뜻은 '깨어 있다'(to wake up) 혹은 '흥분되다'(to be excited)이다.

나의 사랑하는 자의 소리가 들리는구나(콜 도디 도펙, קוֹל דוֹדִי דוֹפֵק)의 번역은 매우 어렵다. 동사 **도펙**(דוֹפֵק)은 **다팍**(דָפַק) 동사의 분사형으로 그 의미는 '두드리다'(to knock)이다. 그런데 문제는 주어가 누구인가다. 첫 번째 가능성은 **콜 도디**(קוֹל דוֹדִי)를 연계형으로 이해하여 '내 사랑하는 자의 목소리'(the sound of my lover)로 번역하는 것이다.[169] 두 번째 가능성은 **콜**(קוֹל)을 명령형으로 이해하여 '들어라! 내 연인이 두드리는 것을'(Hark, my lovers knocks!)로 번역하는 것이다. 이러한 번역은 Jewish Study Bible이 채택하였다.

나의 사랑하는 자(라이야티, רַעְיָתִי)라고 번역된 **라이야**(רַעְיָה)의 의미는 '친구'(companion) 혹은 '사랑하는 자'(beloved)이다.

밤이슬(레시세이 라일라, רְסִיסֵי לָיְלָה)이란 '밤에 떨어지는 이슬방울'을 의미한다. 원래 구약성경에서 이슬은 축복을 상징하는데(창 27:28, 39) 본문에서 남자의 머리를 적신 이슬은 불편한 상황을 나타낸다. 가나안

---

169) R. S. Hess, *Song of Songs*, p. 160.

지역에는 이슬이 많이 내린다. 이러한 사실은 기드온 이야기에서 알 수 있다 (삿 6:33-40). 하지만 경우에 따라서 이슬은 해로운 것으로 묘사되기도 한다.[170]

5:2은 여자의 말로 그 의미는 '나는 잠들었지만 내 마음은 깨어 있었지요. 들어보세요, 내 사랑하는 자가 문을 두드리는 것을. 내게 문을 열어주시오, 나

여인이 목욕하는 장면을 묘사한 상

의 누이, 나의 연인, 나의 비둘기, 나의 티 없는 이여! 내 머리는 이슬로, 내 머리채는 밤이슬로 흠뻑 젖었다오' 이다.

> 3 내가 옷을 벗었으니 어찌 다시 입겠으며 내가 발을 씻었으니 어찌 다시 더럽히랴마는

3절은 동의적 평행법으로 구성되어 있다(A-B // A´-B´)

פשטתי את כתנתי
(파샤티 에트-쿠탄티) 내가 옷을 벗었으니 A

איככה אלבשנה
(에이카카 엘바쉐나) 어찌 다시 입겠으며 B

רחצתי את רגלי
(라하쯔티 에트-라글라이) 내가 발을 씻었으니 A´

איככר אטנפם
(에이카카 아타느펨) 어찌 다시 더럽히랴 B´

---

170) *Midrash Rabbah*, Genesis 13:9. *Midrash Rabbah Genesis I*, H. Freedman and M. Simon trans. (London: Soncino, 1939), p. 105.

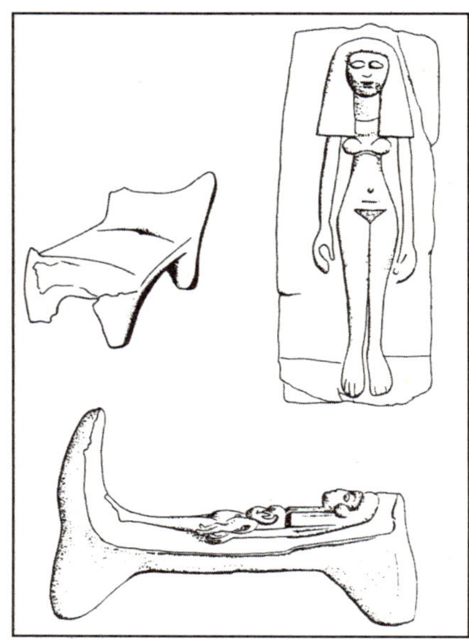

[상단우측] 주전 13세기경의 것으로 추정되는 여자가 나체로 침대에 누워있는 석회석으로 만든 조각품이 가자 (Gaza) 남쪽의 데이르 엘-벨라(Deir el- Belah)에서 발견되었다. [상단 좌측] 브엘쉐바(Beer-sheba)에서 발견된 주전 7세기경에 테라코타로 만든 침대 [아래] 주전 13세기경으로 이집트에서 발견된 테라코타로 만든 젊은 여자가 왼쪽 가슴에 아이를 않고 누워있는 모습(O. Keel, *The Song of Songs*, p. 187).

옷을 벗었으니(파샤티 에트-쿠탄티, פשטתי את-כתנתי)의 정확한 의미는 '내 겉옷을 벗었다' (I had taken off my robe)이다. 하지만 나체로 누워 있는지 정확히 알 수는 없다. 뒤에 나오는 발을 씻는 것과 견주어 옷을 벗은 것은 단지 몸을 씻기 위하여 겉옷을 벗은 것을 의미한다고 생각할 수 있다. 그러나 관습적인 측면에서 보면 그녀가 나체로 누워 있었을 것으로 추정된다(삼상 19:24; 느 4:23). 고대 이스라엘에서 발목까지 내려오는 이 겉옷(쿠토네트, כתנה)은 밤에 담요와 같은 역할을 하였다(출 22:25-26; 신 24:13). 따라서 옷을 벗었다는 것이 알몸을 드러내는 것으로도 이해할 수 있다.

여인이 나체로 누워 있는 모티브는 고대 이집트의 벽화에 많이 등장한다. 나체의 여인이 벗은 채로 누워 있는 것을 조각한 것들이 가

자 남쪽의 데이르 엘-벨라(Deir el-Belah)에서 발견되었다. **171)**

내가 발을 씻었으니(라하쯔티 에트-라글라이, רחצתי את־רגלי)는 여인이 침대에 눕기 전에 발을 씻는 관습을 묘사한 것이다(창 24:32;삼하 11:8). **더럽히랴** (타나프, טנף)의 의미는 '더럽히다'(to soil)이다. 여인은 자신이 잠잘 준비를 어떻게 마쳤는가를 자세히 묘사함으로써 현재 자신의 상태가 어느 정도 잠에 빠진 상태임을 보여준다.

5:3은 여인의 말로서 그 의미는 '이미 옷을 벗었는데 어떻게 다시 입겠습니까? 발을 이미 씻었는데 어떻게 다시 더럽히겠습니까? 이다.

4 내 사랑하는 자가 문틈으로 손을 들이밀매 내 마음이 움직여서

니느웨에 있는 산헤립 왕의 왕궁 벽화에 주전 700년에 유다의 라기스(Lachish)로부터 유다 백성 남녀를 포로로 잡아오는 모습을 그렸다. 이 벽화 가운데 유다 백성 남녀는 발목까지 내려오는 옷(쿠토네트, כתנת)를 입고 있다(O. Keel, *The Song of Songs*, p. 191).

171) O. Keel, *The Song of Songs*, pp. 187-188.

4절의 행동은 연인이 자신의 목적을 이루기 위하여 행하는 두 번째 행동이다. 처음에는 문을 두드렸지만 이번에는 문틈으로 손을 내밀었다.

내 마음이 움직여서(메아이 하무 알라브, מֵעַי הָמוּ עָלָיו)라고 번역된 것은 문자적으로, '그 때문에 나의 속이 두근거린다(흥분되다)'(my heart was stirred for him)이다. 우리말로 '마음'으로 번역된 히브리어 **메아이**(מֵעַי)는 '장기'(entrails, intestines) 혹은 '내적 존재'(inner being)의 의미를 가진 **메에**(מֵעֶה)에 소유격 인칭어미가 붙은 것으로 '나의 속' 혹은 '나의 마음'(my heart)으로 번역할 수 있다.

또한 **움직여서**(הָמוּ)의 정확한 의미는 '소용돌이치다'(to be turbulent) 혹은 '흥분되다'이다.

그런데 연인이 문틈으로 손을 넣은 목적이 무엇인지 불분명하다. 아마도 문빗장을 열려는 의도로 볼 수 있다. 그러나 좀 더 문학적으로 접근하면, 고대 이스라엘에서 손이란 남자의 성기에 대한 완곡한 표현이었다(사 57:8, 10). 따라서 그가 틈새로 손을 넣었다는 것은 그가 찾아온 목적이 밤에 하는 은밀한 일이었음을 표현한 것일 수 있다.[172] 이렇게 이해할 때 문틈은 여성의 질을 상징한다고 이해할 수도 있다. 그러나 이러한 해석은 6절을 생각할 때 불가능하다.

5:4의 의미는 '나의 연인이 문틈으로 손을 내밀자 내 가슴이 그이

---

172) O. Keel, *The Song of Songs*, p. 192.

때문에 두근거렸네' 이다.

5절은 1인칭 동사와 1인칭 인칭대명사가 함께 사용되었다. 따라서 정확한 번역은 '나는 일어났다' (캄티 아니, קמתי אני)이다. 이처럼 1인칭 인칭대명사를 반복적으로 사용한 것은 여인 자신의 행동을 강조하기 위해서이다.

몰약이 내 손에서란 표현을 통해서 알 수 있는 것은 대문의 빗장 손잡이에 몰약이 있는 것이다.

5절의 묘사는 매우 구체적이고, 자세하다. 즉 몰약이 손에 떨어지고, 손가락 사이에 흐르는 것을 묘사하고 있다. 몰약이 떨어지는 것을 묘사한 동사는 **나타프**(נטף)로 그 의미는 '떨어지다' (to drip) 혹은 '분비하다' (to secrete)이다. 또한 손가락 사이로 흐르는 것을 묘사하는 동사로는 **아바르**(עבר)를 사용하였다. 그러나 킬은 창세기 23:16을 근거로 히브리어 표현 **모르 오베르**(מור עבר)에서 오베르를 몰약을 수식하는 형용사로 이해하였다. 173) 따라서 킬(O. Keel)은 **모르 오베르**를 '진짜 몰약' (genuine myrrh)으로 번역하였다. 그리고 그는 5절을 '나는 내 연인에게

---

173) O. Keel, *The Song of Songs*, p. 193.

문을 열어주기 위하여 일어났다. 내 손에 몰약이 떨어지고, 내 손가락에 문빗장 손잡이로부터 진짜 몰약이 있다' 라고 번역하였다. **174)**

이처럼 여인의 손에 몰약이 있다는 것은 여인의 사랑에 대한 갈망을 나타낸다. 구약성경은 왕이 몰약을 좋아했다고 말한다(시 45:8). 그런 까닭에 여인들이 왕을 만나기 전에 몰약으로 목욕을 하였다(스 2:12-13).

5절까지의 상황을 실질적으로 분석하면, 연인이 찾아왔을 때 이 여인이 얼른 일어나 손에 몰약 기름을 바른 것으로 이해할 수 있다.

5:5의 의미는 '나의 연인에게 문을 열어주려고 일어났는데 내 손에서는 몰약이 뚝뚝 흐르고 손가락에서 녹아 흐르는 몰약이 문빗장 손잡이 위로 번졌네' 이다.

> 6 내가 내 사랑하는 자를 위하여 문을 열었으나 그는 벌써 물러갔네 그가 말할 때에 내 혼이 나갔구나 내가 그를 찾아도 못 만났고 불러도 응답이 없었노라

여인의 연인인 남자가 급하게 돌아간 것을 묘사하고 있다.

물러갔네(하마크, חָמַק)로 번역된 히브리어 **하마크**는 많이 사용되지 않는 동사로 그 의미는 '돌리다' (to turn aside)이다. 따라서 그 의미는 "그는

---

174) O. Keel, *The Song of Songs*, p. 185.

예루살렘 전경

벌써 몸을 돌렸네" 즉 떠나갔다는 의미이다.

5:6의 의미는 '나의 연인에게 문을 열어주었네. 그러나 나의 연인은 몸을 돌려 가버렸다네. 그이가 떠나버려 나는 넋이 나갔네. 그이를 찾으려 하였건만 찾아내지 못하고 그이를 불렀건만 대답이 없었네' 이다.

7 성 안을 순찰하는 자들이 나를 만나매 나를 쳐서 상하게 하였고 성벽을 파수하는 자들이 나의 겉옷을 벗겨 가졌도다

연인을 찾지 못한 여자는 3:1-5처럼 거리에서 연인을 찾아다니다 야경꾼을 만난다. 그런데 이들의 태도는 3장과는 다르다. 야경꾼들은 이 여인을 잠언 7:11-12의 기록처럼 밤에 성매매를 위하여 거리를 헤매는 매춘부로 여기고 대하였다. 그리하여 여인의 겉옷을 빼앗아 갔다(사 3:23).

겉옷(레디드, ‏רדיד‎)의 의미는 몸을 감싸는 옷(wrapper)을 의미한다.

7절에 의하면 파수꾼은 성을 순찰하는 자와 성벽을 지키는 자로

나뉘어져 있었음을 알 수 있다.

5:7을 쉽게 번역하면 그 의미는 '성읍을 돌아다니는 야경꾼들이 나를 보자 나를 때리고 상처 내었으며 성벽의 파수꾼들은 내 겉옷을 빼앗았네' 이다.

> 8 예루살렘 딸들아 너희에게 내가 부탁한다 너희가 내 사랑하는 자를 만나거든 내가 사랑하므로 병이 났다고 하려무나

여인은 예루살렘의 아가씨들에게 자신의 연인에게 자신이 지금 앓고 있음을 말해 달라고 부탁하고 있다.

5:8의 의미는 '예루살렘 아가씨들이여 그대들에게 애원하니 나의 연인을 만나거든 내가 사랑 때문에 앓고 있다고 제발 그이에게 말해 주어요' 이다. 즉 여인은 자신이 밤에 찾아온 남자 연인을 만나지 못하여 병이 났다고 말해달라고 부탁한다.

연인에 대한 자랑(5:9-16)

> 5:9 여자들 가운데에 어여쁜 자야 너의 사랑하는 자가 남의 사랑하는 자보다 나은 것이 무엇인가 너의 사랑하는 자가 남의 사랑하는 자보다 나은 것이 무엇이기에 이같이 우리에게 부탁하는가 10 내 사랑하는 자는 희고도

붉어 많은 사람 가운데에 뛰어나구나 11 머리는 순금 같고 머리털은 고불고불하고 까마귀 같이 검구나 12 눈은 시냇가의 비둘기 같은데 우유로 씻은 듯하고 아름답게도 박혔구나 13 뺨은 향기로운 꽃밭 같고 향기로운 풀언덕과도 같고 입술은 백합화 같고 몰약의 즙이 뚝뚝 떨어지는구나 14 손은 황옥을 물린 황금 노리개 같고 몸은 아로새긴 상아에 청옥을 입힌 듯하구나 15 다리는 순금 받침에 세운 화반석 기둥 같고 생김새는 레바논 같으며 백향목처럼 보기 좋고 16 입은 심히 달콤하니 그 전체가 사랑스럽구나 예루살렘 딸들아 이는 내 사랑하는 자요 나의 친구로다

9-16절은 여자가 자신의 연인의 아름다움을 머리부터 아래로 찬양하는 것을 내포하고 있다. 사랑의 노래에서 연인의 신체를 찬양하는 것은 수메르어로 된 사랑노래에서 쉽게 발견된다. 두무지-인안나의 사랑노래에서도 눈, 입, 입술에 대하여 찬양한다. [175]

9절은 8절의 여인의 요청에 친구들이 약올리는 것이지만 많은 주석가들은 9절을 8절과 연결시키지 않고 9-16절을 하나의 부분으로 이해한다. [176]

9 여자들 가운데에 어여쁜 자야 너의 사랑하는 자가 남의 사랑하는 자보다 나은 것이 무엇인가 너의 사랑하는 자가 남의 사랑하는 자보다 나은 것이 무엇이기에 이같이 우리에게 부탁하는가

---

175) *CS I*, pp. 540-541.

176) R. W. Jenson, *Song of Songs*, Interpretation, (Louisville: John Knox Press, 2005), p. 53.

9절에서 친구들이 여자에게 여자의 남자가 다른 연인보다 나은 점이 무엇인가를 반문한다. 이러한 예루살렘 딸들의 질문은 이 여인으로 하여금 10-13절에 기록된 자기 연인의 뛰어난 점을 말하게 하는 근거가 된다.

여자들 가운데에 어여쁜 자야(하-야파 바-나쉼, היפה בנשים)라는 표현은 이 친구들이 여자의 아름다움을 인정하기보다는 비아냥거리고 있다고 볼 수 있다.

너의 사랑하는 자가 남의 사랑하는 자보다 나은 것이 무엇인가(마 도데흐 미도드, מה דודך מדוד)의 문자적인 의미는 '연인들 가운데 너의 연인이 나은 것이 무엇인가' (what is your lover from a lover?)이다.

5:9은 여인의 친구들의 말로서 그 의미는 '네 연인이 다른 연인보다 나은 게 무엇인가? 여인 중에 가장 아름다운이여. 네 연인이 다른 연인보다 나은 게 무엇인가? 네가 우리에게 그토록 애원하게' 이다.

10 내 사랑하는 자는 희고도 붉어 많은 사람 가운데에 뛰어나구나

10절은 여자가 자신의 연인의 외적인 멋있음을 묘사하고 있다고 할 수 있다. 즉 피부가 윤이 나고 붉다는 것이다.

희고도(짜흐, צח)라고 번역된 것은 본문의 의미를 정확하게 전달했다고 볼 수 없다. 왜냐하면 피부색은 뒤의 아돔으로 표현하고 있기 때문이다. 원래 히브리어 짜흐는 '빛나는,' '눈부신' (gleaming, shiny), 혹은 '맑은' (clearer)이라는 의미이다. 그런데 이 짜흐가 내포하는 것은 '건강한 피부' 를 가지고 있다는 뜻이다.[177] 따라서 자신의 연인이 건강한 사람임을 강조한 것이다.

붉으며(아돔, אדום)는 피부색을 나타내며, 구약성경에서 피부색이 붉은 사람은 에서와 다윗이었다(삼상 16:12, 17:42).

많은 사람 가운데에 뛰어나구나(다굴 메르바바, דגול מרבבה)는 그 의미가 '만 명 가운데(만인 중) 뛰어난' (preeminent among ten thousand)이다. '뛰어난' 으로 번역된 **다굴**(דגול)은 구약성경에 단 한번 등장하는 단어로 그 의미는 '뛰어난' (outstanding)이다. 히브리어 **다굴**은 깃발을 뜻하는 데겔(דגל)에서 유래되었다.[178]

5:10의 의미는 '(여자) 나의 연인은 (피부가) 눈부시게 하얗고 붉으며 만인 중에 뛰어난 사람이다' 이다.

11 머리는 순금 같고 머리털은 고불고불하고 까마귀 같이 검구나

11절부터 연인의 탁월함을 신체 부위별로 자랑한다.

순금 같고(케템 파즈, כתם פז)는 금이란 뜻의 두 명사를 연계형으로 사용하여 가장 뛰어난 금으로 묘사하며, 최상급의 의미를 지닌다. 문자

177) T. Longman III, *Song of Songs*, p. 170.
178) M.H. Pope, *Song of Songs*, p. 532.

적으로 번역하면 '순금의 금' 으로 특별한 금을 의미한다. 따라서 Jewish Study Bible에서는 영어로 finest gold로 번역하였다.

머리털(쿠쪼트, קְוֻצּוֹת)은 히브리어 쿠쪼트를 번역한 것이다. 또한 **고불고불하고**(탈탈림, תַּלְתַּלִּים)를 의미하는 히브리어 부사 탈탈림은 구약성경에 한번 등장하는데 후대의 사용, 특히 랍비문학에서 탈탈림의 용례를 보면 대체로 '곱슬한' (curled) 혹은 '고불고불한' (wavy)의 의미로 사용되었다. [179] 또한 아카드어나 아랍어에서는 이 단어가 종려나무 잎 (palm frond)을 의미하기도 하였다. [180] 따라서 가톨릭 구약성경 번역에 의하면 이 구절을 '종려나무 가지처럼' 으로 번역하였다.

까마귀(오레브, עוֹרֵב)는 검정색을 비유하는데 사용되었다.

5:11의 의미는 '그의 머리는 금 중에서도 순금(가장 좋은 금)이며, 그이의 머리채는 구불구불하고 까마귀처럼 검다' 이다.

12 눈은 시냇가의 비둘기 같은데 우유로 씻은 듯하고 아름답게도 박혔구나

그녀는 자신의 연인의 외형적인 아름다움, 특히 눈의 아름다움을 비둘기에 비유하고 있다. 그런데 12절의 전반부와 후반부가 연결되지 않아 주석가들은 후반부에 치아(齒牙)를 의미하는 단어가 생략되었다고 주장한다. [181] 만약 12절 하반부에 치아라는 단어를 삽입하여 해석하

179) G. S Ogden and L. Zogbo, *Song of Songs*, New York: United Bible Societies, 1998, p. 160.
180) T. Longman III, *Song of Songs*, p. 171.

면, '그의 치아는 우유로 목욕하고 알맞게 자리 잡고 있다' 가 된다.[182]

시냇가로 번역된 히브리어 표현 **알 아피케이 마임**(על אפיקי מים)의 의미는 문자적으로 번역하면 '물의 강바닥' (water of streambed)이란 뜻이 된다. 이 말의 의미는 부정확하다. 따라서 일반적으로 주석가들은 **알 아피케이 마임**(על אפיקי מים)을 시냇가(beside streams of water)로 번역한다.

아름답게(밀레아트, מלאת)는 정확한 의미를 알 수 없으나, '정확하게' 혹은 '알맞게' (fitly)란 의미를 갖는다. 즉 보석이 제자리에 박혀있는 모습이다.

5:12의 의미는 '그의 눈은 시냇가의 비둘기 같고, 우유로 목욕하고 알맞게 자리 잡고 있다' 이다.

> 13 뺨은 향기로운 꽃밭 같고 향기로운 풀언덕과도 같고 입술은 백합화 같고 몰약의 즙이 뚝뚝 떨어지는구나

특히 이것은 뺨과 입술에 대하여 묘사하고 있는데, 뺨에 턱수염이 있는 것을 그리고 있다.

꽃밭(아루가, ערוגה)으로 번역된 **아루가**는 '정원'(garden)이란 뜻이다.

언덕(미그델로트, מגדלות)으로 번역된 히브리어의 문자적인 의미는 '탑' (tower)이다.

181) R. E. Murphy, *The Song of Songs*, Hermeneia. Minneapolis: Fortress Press, 1990, p. 166.
182) T. Longman III, *Song of Songs*, p. 171.

향기로운 풀(메르카힘, מֶרְקָחִים)은 구약성경에 단 한번 나오는 단어로 그 의미는 '향기로운 풀'(aromatic herb)을 의미한다. [183]

5:13의 의미는 '그의 뺨은 발삼 꽃밭 같아 향기로운 풀들이 탑을 이루고 그의 입술은 흐르는 몰약이 떨어지는 백합화(나리꽃)' 이다.

14 손은 황옥을 물린 황금 노리개 같고 몸은 아로새긴 상아에 청옥을 입힌 듯하구나

황금 노리개(글릴레이 자합, גְּלִילֵי זָהָב)는 문자적으로 번역하면 '금 원통' (gold cylinder)이다.

몸으로 번역된 히브리어는 앞의 4절에서 설명했던 **메에**(מֵעֶה)로 '배' (belly)로 번역하는 것이 바람직하다.

청옥으로 번역된 히브리어는 **사피르**(סַפִּיר, sapphire)이다. 즉 청옥은 푸른색을 띠는 라피스 라줄리(lapis lazuli)를 뜻한다.

황옥으로 번역된 히브리어 **타르시스**(תַּרְשִׁישׁ, taršîš)는 보석의 일종인 '황옥' 혹은 '녹보석' 을 뜻하는 것 이외에도 다양한 의미를 갖는다. 구약성경에서 **타르시스**는 보석의 일종인 '황옥' 혹은 '녹보석' (출 28:20, 39:13; 겔 1:16, 10:9, 28:13; 단 10:6; 애 5:14)을 뜻하거나 지명으로서 '다시스' (왕상 10:22, 22:49; 사 2:16; 겔 27:12; 욘 1:3 등)를 나타내기도 한다. 타르

---

183) M.H. Pope, *Song of Songs*, p. 540.

시스가 지명이라는 사실은 주전 9세기경에 쓰인 노라 비문(Nora Inscription)184)과 에살하돈의 비문에 ᵏᵘʳ*Tar-si-si*라고 기록되어 있기 때문이다. 그런데 이 ᵏᵘʳ*Tar-si-si*는 사이러스와 그리스와 함께 등장한다.185) ᵏᵘʳ*Tar-si-si*는 킬리키아 지역에 위치한 ᵘʳᵘ*Tar-zi*와 같은 지역으로 간주한다.186) 그런데 구약성경에서 **타르시스**는 다른 명사의 연계형과 함께 많이 사용된다. '다시스 배'(오니 타르쉬시, אני תרשׁישׁ, 왕상 10:22), '다시스의 배들'(오노타이 타르쉬시, אניתי תרשׁישׁ, 왕상 22:49, 사 60:9 등), '딸 다시스'(바트 타르쉬시, בת תרשׁישׁ, 사 23:10), '다시스의 왕들'(말케이 타르쉬시, מלכי תרשׁישׁ, 시 72:10), '다시스의 상인'(사흐레이 타르쉬시, סחרי תרשׁישׁ, 겔 38:13) 등이 그 예이다. 이러한 예를 볼 때 분명히 히브리어 **타르시스**는 지명으로 사용된 것임을 알 수 있다. 그런데 여기서 생기는 문제는 다시스가 어디인가 하는 것이다. 전통적으로 다시스를 스페인 서쪽에 있는 타르테수스(Tartessus)라고 생각하지만 에살하돈의 비문과 요나서 등에 의하면 다시스는 킬리키아 지역에 있는 다소(Tarsus)로 보는 것이 더 적합하다.187) 특히 다소지역 근처에는 은 광산이 있기 때문에

---

184) F.M. Cross, "An Inscription of the Nora Stone," *BASOR* 208 (1972), pp. 14-18; B. Peckham, "The Nora Inscription," *Orientalia* 41 (1972), pp. 457-466; W.H. Shea, "The Dedication on the Nora Stone," *VT* 41 (1991), pp. 241-245.

185) R. Borger, *Die Inschriften Asarhaddons Königs von Assyrien*, (*AfOB* 9), 1967, p. 86, AsBbE 10. *ultu mā̆t Ia-ja-na-na mā̆t Ia-man a-di mā̆t Tar-si-si* ("사이러스와 그리스로부터 다시스까지").

186) S. Parpola, *Neo-Assyrian Toponyms*, (AOAT 6), (Neukirchen-Vluyn, 1970), p. 349.

187) 리버라니(M.L. Liverani)는 일반적으로 다시스의 위치를 스페인 남쪽지역으로 생각하지만 그러나 그 위치에 대해서는 정확히 알 수 없다고 주장한다. M.L. Liverani, "The Trade Network of Tyre

구약성경을 보면 다시스에서 은을 수입한 것을 알 수 있다. 즉 예레미야 10:9의 '다시스에서 가져온 은박'(케세프 미루카아 메타르시시 מתרשׁישׁ כסף מרקע)의 문자적인 의미는 '다시스의 은박' 이라는 뜻이다.

5:14은 손과 몸에 대한 묘사로 그 의미는 '그의 손은 황옥이 꽉 찬 금 원통, 그의 배는 청옥으로 덮인 상아 조각이다' 라는 뜻이다.

> 15 다리는 순금 받침에 세운 화반석 기둥 같고 생김새는 레바논 같으며 백향목처럼 보기 좋고

다리로 번역된 히브리어 **쇼크**(שׁוק)는 동물의 허벅지를 뜻할 때 사용하는 단어이다.

화반석 기둥(아무데이 쉐쉬, עמודי שׁשׁ)의 화반석은 히브리어로 **쉐쉬**(שׁשׁ)인데(에 1:6, 대상 29:2), 그 의미는 '여섯'(six)을 뜻하기도 하지만 본문에서는 '화반석'(alabaster)을 의미한다. 따라서 여자가 자신의 연인의 다리를 화반석에 비유한 것은 튼튼하고 곧게 뻗은 다리를 의미한다고 볼 수 있다. [188]

받침대(에덴, אדן, pedestal)는 일반적으로 신상이 서 있는 '발판'을 의미한다.

according to Ezek. 27," *Ah, Assyria…*, eds. M. Cogan and H. Tadmor, (Jerusalem: Magnes, 1991), pp. 65-79, esp. 68-69.

188) G.S. Ogden and L. Zogbo, *Song of Songs*, p. 165.

또한 여자는 자신의 연인의 모습을 레바논의 장엄함에 비유하였는데 이는 과장된 표현이다.[189] 또한 백향목으로도 비유하였다. 백향목은 당시 신전을 짓는 데 사용하는 값비싼 목재이다. 따라서 이집트나 메소포타미아 지역에서 레바논의 백향목을 수입하였다.

5:15은 연인의 다리를 묘사하는 것으로 그 의미는 '그의 다리는 순금 받침대 위에 세워진 하얀 대리석 기둥. 그의 모습은 레바논 같고 향백나무처럼 빼어나다' 이다.

> 16 입은 심히 달콤하니 그 전체가 사랑스럽구나 예루살렘 딸들아 이는 내 사랑하는 자요 나의 친구로다

입(헤크, חֵךְ)으로 번역된 히브리어의 정확한 의미는 '입천장' 혹은 '위턱' (palate)이다.[190] 단순한 입이 아니라 입속을 표현하는 것이다. 여인은 연인의 입속이 매우 달콤하다고 노래한다.

입은 심히 달콤하니는 여인이 진한 키스를 요청하는 것으로 이해할 수 있다.[191] 입 혹은 입술의 달콤함에 대해서는 이쉬타르 찬양시에서도 묘사되어 있다. "그녀의 입술은 달콤하며, 그녀의 입에는 생기가 있네……"라고 기록하고 있다.[192]

189) M.H. Pope, *Song of Songs*, p. 546.
190) *HALOT*, p. 313.
191) T. Longman III, *Song of Songs*, p. 175.
192) 장일선, 『구약세계의 문학』, p. 358.

사랑스럽구나(마흐마드, מַחֲמָד)의 의미는 '탐나는'(something desirable) 혹은 '귀한 것'(precious object)이다. **그 전체가 사랑스럽구나**의 의미는 '그는 총체적으로 탐나는구나(혹은 사랑스럽구나)'(he is utterly desirable)이다.[193]

16절 하반부에서 여인은 자신의 연인에 대한 설명을 마무리 짓는다.

5:16의 의미는 '그의 입속은 달콤하고('그와의 진한 키스는 달콤하고'의 의미임) 그이의 모든 것이 멋지다. 나의 연인은 이렇다. 내 벗은 이렇다. 예루살렘 아가씨들이여!'이다.

예루살렘 여인들에 대한 여자의 선언(6:1-3)

1 여자들 가운데에서 어여쁜 자야 네 사랑하는 자가 어디로 갔는가 네 사랑하는 자가 어디로 돌아갔는가 우리가 너와 함께 찾으리라 2 내 사랑하는 자가 자기 동산으로 내려가 향기로운 꽃밭에 이르러서 동산 가운데에서 양 떼를 먹이며 백합화를 꺾는구나 3 나는 내 사랑하는 자에게 속하였고 내 사랑하는 자는 내게 속하였으며 그가 백합화 가운데에서 그 양 떼를 먹이는도다

6:1-3은 여자가 예루살렘 여인들에게 자신의 연인이 어디로 갔는가

---

[193] M.H. Pope, *Song of Songs*, p. 549.

를 묻는다.

> 1 여자들 가운데에서 어여쁜 자야 네 사랑하는 자가 어디로 갔는가 네 사
> 랑하는 자가 어디로 돌아갔는가 우리가 너와 함께 찾으리라

1절에서 두 번 반복하는 '여인의 연인이 어디로 갔는가' 의 질문에 첫 번째 질문에서는 떠나간 행위에 초점을 두어 동사 **할라크**(הלך, to walk)를 사용하였지만 두 번째 질문에서는 어디를 향해 갔는가에 초점을 맞추어 동사 **파나**(פנה, to turn to one side, to head in a particular direction)를 사용하였다. 이러한 문장구조는 5:9에서도 발견된다. "너의 사랑하는 자가 남의 사랑하는 자보다 나은 것이 무엇인가?" 를 두 번 반복하여 질문하고 있다.

여자들 가운데에서 어여쁜 자야(하야파 베나쉼, היפה בנשים)라는 표현은 5:9 에서 사용된 표현으로 조금은 비꼬는 듯한 표현이다.

6:1은 여인의 친구들인 예루살렘의 딸들이 말하는 것으로 그 의미는 '네 연인은 어디로 갔는가? 여인 중에 가장 아름다운이여. 네 연인은 어디를 향하여 갔는가? 우리가 너와 함께 그를 찾으리다' 이다.

> 2 내 사랑하는 자가 자기 동산으로 내려가 향기로운 꽃밭에 이르러서 동산
> 가운데에서 양 떼를 먹이며 백합화를 꺾는구나

2절은 여자의 대답으로 연인이 무엇을 하고 있는지 묘사하고 있다.

자기 동산에서의 동산은 지하세계를 암시한다. 이러한 이해는 아가 4:12과 5:1에서 동산이 신부와 그녀의 아름다움을 나타내는 것과는 사뭇 다른 개념이다. [194]

향기로운 꽃밭(아루고트 하보셈, ערוגת הבשם)은 '향품 꽃밭' 이나 '발삼 꽃밭' 을 의미한다. 히브리어 **아루가**(ערוגה)는 '꽃을 심을 수 있는 곳' (planning area), 즉 꽃밭을 의미한다. 또한 히브리어 **보셈**(בשם)은 '발삼 (balsam)나무' 혹은 '향' (perfume)을

발삼(balsam) 열매

뜻한다. 따라서 히브리어 **아루고트 하보셈**을 '발삼 꽃밭' 이나 '향 꽃밭' 으로 번역해야지 우리말 번역처럼 형용사로 번역해서는 안 된다.

꺾는구나(릴코트, ללקט)는 '꺾기 위하여' (to pick)로 번역해야 한다. 왜냐하면 히브리어 본문에서는 부정사 연계형이 사용되었기 때문이다.

2절에서 '사랑하는 연인이 동산으로 내려간다' 는 표현은 고대 이스라엘의 지리적 특징과 연관하여 설명할 수 있다. 즉 고대 이스라엘의 정착지는 주로 언덕 위에 있지만 동산은 물이 흐르고 샘이 있는 평야 지역에 위치하기 때문이다. 따라서 동산으로 내려간다는 표현

194) M.H. Pope, *Song of Songs*, pp. 554-555.

을 사용한 것으로 이해할 수 있다. [195]

백합화 가운데서 양을 치는 남자는 마치 여자의 가슴에 있는 남자로 은유적으로 해석할 수 있다.

6:2의 의미는 '나의 연인은 자기 정원으로, 발삼 꽃밭(혹은 향 꽃밭)으로 (내려갔다), 정원에서 양을 치기 위하여, 백합꽃을 꺾기 위하여 내려갔다' 이다.

> 3 나는 내 사랑하는 자에게 속하였고 내 사랑하는 자는 내게 속하였으며 그가 백합화 가운데에서 그 양 떼를 먹이는도다

나는 내 사랑하는 자에게 속하였고 내 사랑하는 자는 내게 속하였으며(아니 레도디 베도디 리, אני לדודי ודודי לי)는 허브리어 표현을 가장 문자적으로 잘 번역한 것이다. 그러나 **그가 백합화 가운데에서 그 양 떼를 먹이는도다**(הרעה בשושנים)는 '백합화 가운데 있는 목자' 라는 의미이다.

3절에서 여자가 연인이 자기에게 속했다고 강한 확신을 할 수 있었던 것은 연인이 백합화 가운데서 양 떼를 먹이고, 2절에서와 같이 백합화 꽃을 꺾기 때문이다. 또한 무엇보다 2절에서 설명했듯이 그 여자로부터 연인이 사랑의 숨결을 받아 새로 태어난 생명같이 되기 때문이다. 따라서 그녀는 자신의 연인이 자신에게 속하였고, 자신도

---

195) O. Keel, *The Song of Songs*, p. 209.

그에게 속했다고 확신한다. [196]

  6:3의 의미는 '나는 내 연인의 것, 내 연인은 나의 것. (그는) 백합화 가운데서 양을 치는 자' 이다.

여자의 아름다움에 대한 남자의 찬양(6:4-9)

> 4 내 사랑아 너는 디르사 같이 어여쁘고, 예루살렘 같이 곱고, 깃발을 세운 군대 같이 당당하구나 5 네 눈이 나를 놀라게 하니 돌이켜 나를 보지 말라 네 머리털은 길르앗 산 기슭에 누운 염소 떼 같고 6 네 이는 목욕하고 나오는 암양 떼 같으니 쌍태를 가졌으며 새끼 없는 것은 하나도 없구나 7 너울 속의 네 뺨은 석류 한 쪽 같구나 8 왕비가 육십 명이요 후궁이 팔십 명이요 시녀가 무수하되 9 내 비둘기, 내 완전한 자는 하나뿐이로구나 그는 그의 어머니의 외딸이요 그 낳은 자가 귀중하게 여기는 자로구나 여자들이 그를 보고 복된 자라 하고 왕비와 후궁들도 그를 칭찬하는구나

6:4-9은 남자가 자신의 여인의 아름다움에 대하여 찬양하고 있다.

> 4 내 사랑아 너는 디르사같이 어여쁘고, 예루살렘같이 곱고, 깃발을 세운 군대같이 당당하구나

196) O. Keel, The Song of Songs, p. 210.

남자는 4절에서 여인의 아름다움을 세 가지에 비유한다. 즉

아름다운(יפה)	→	디르사(Tirzah)
고운(נאוה)	→	예루살렘(Jerusalem)
두려운(אימה)	→	깃발을 세운 군대(banners)

이러한 근거는 구약성경에서 도시가 처녀(virgin)로 묘사되기 때문이다. 예루살렘과 시온(사 37:22, 52:1-2), 바벨론(사 47:1-2)등이 이러한 의미로 많이 비유되어 사용된다. 처녀라는 이미지는 손대지 않았다는 의미가 있으며, 특별히 깨끗함으로도 이해된다. 특히 중요한 역할을 별로 하지 않았던 디르사로 비유된 것은 디르사에 '기쁜'(pleasing) 혹은 '사랑스러운'(lovely)이라는 의미가 내포되어 있기 때문이다.[197] 가나안 도시 디르사(수 12:24)는 여로보암에 의하여 북왕국의 수도가 되었다(왕상 14:17, 15:21, 33, 16:6, 8, 9, 15, 17. 23).

예루살렘의 경우는 시편 48:2처럼 ― "터가 높고 아름다워 온 세계가 즐거워함이여 큰 왕의 성 곧 북방에 있는 시온 산이 그러하도다" ― 아름다운 도시로 인식되었다. 예레미야애가 2:15에 의하면 시온은 "기쁨이라 일컫던 성"으로 불렸다.

197) O. Keel, *The Song of Songs*, p. 213; M.H. Pope, *Song of Songs*, pp. 558-559.

남자는 여인의 아름다움을 **야파**(יפה)와 **나바**(נאוה) 두 형용사로 표현한다. 특히 **야파**는 일반적인 아름다움을 나타내지만 **나바**는 용모가 아름다운(comely)의 의미를 갖고 있다.

특히 **깃발을 세운 군대같이 당당하구나**(아유마 케니드갈로트, אימה כנדגלות)의 의미는 '너무 아름다워 기를 든 군대처럼 두려움까지 자아낸다' 는 뜻이다. 즉 아름답다 못해 두려움까지 자아낸다는 표현이다. '깃발을 세운 군대' 란 깃발 아래 무리를 지어 조직되어 있는 군대를 뜻한다. **198)**

당당하구나로 번역된 히브리어 **아유마**(אימה)는 **아욤**(אים)의 여성형으로 그 의미는 '두려움' (terror)이다.

6:4은 남자의 말로서 '나의 애인이여, 그대는 디르사처럼 아름답고 예루살렘처럼 어여뻐 기를 든 군대처럼 두려움까지 자아낸다오' 란 의미이다.

5 네 눈이 나를 놀라게 하니 돌이켜 나를 보지 말라 네 머리털은 길르앗 산 기슭에 누운 염소 떼 같고

네 눈이 나를 놀라게 하니 돌이켜 나를 보지 말라(하세비 에이나이흐 미네게디 쉐헴 히르히비니, הסבי עיניך מנגדי שהם הרהיבני)의 의미는 '너의 눈을 나에게

198) O. Keel, *The Song of Songs*, p. 215.

서부터 돌려주시오. 당신의 눈이 나를 놀라게 합니다' 이다.

놀라게 하다(히르히비, הרהיב)의 히브리어 동사는 두 가지 의미를 가지고 있다. 즉 '놀라게 하다' (to alarm)와 '어지럽히다' (to confuse)이다.

네 머리털은 길르앗 산기슭에 누운 염소 떼 같고라는 표현은 4:1에서도 발견된다. 즉 여인의 머리카락을 마치 껑충껑충 뛰면서 휘날리는 염소의 수염으로 묘사한 것이다.

6:5의 의미는 '내게서 당신의 눈을 돌려주오. 나를 어지럽게 만드는구려. 그대의 머리채는 길르앗을 내리닫는 염소 떼 같다오' 이다.

> 6 네 이는 목욕하고 나오는 암양 떼 같으니 쌍태를 가졌으며 새끼 없는 것
> 은 하나도 없구나

6절은 4:2에서 이미 언급된 표현이다. 단지 4:2의 양이 6:6에서는 남자가 자신의 여인을 묘사하기 때문에 암양으로 바뀌었을 뿐이다. 6절에서도 4:2과 마찬가지로 신부의 하얀 이를 세척장에서 올라오는 털을 깎으려는 양 떼와 비교한다. '쌍둥이를 낳다' 라는 표현의 히브리어 원문은 **마트이모트**(מתאימות)이며, 그 의미는 '쌍둥이를 낳다' (to bear twins)이다. '잃다' 라는 표현은 **샤쿨**(שכול)이며, 뜻은 '새끼를 잃은' (lost children, lost offspring)이다. 양은 쌍둥이를 낳을 수 없는데 쌍둥이를 낳는다는 표현은 축복받은 생산임을 강조하는 것이다. 따라서 이 구

절에서는 신부의 하얀 이가 전혀 손실되지 않았음을 강조하였다.

6:6의 의미는 '그대의 이는 세척장에서 올라오는 어미 양 떼 같다오. 모두 쌍둥이를 낳아 새끼를 잃은 것이 하나도 없구려' 이다.

7 너울 속의 네 뺨은 석류 한 쪽 같구나

7절에서는 아가 4:3의 내용이 반복적으로 기록되어 있다.

뺨으로 번역된 히브리어 **라카**(רקה)는 '관자놀이' (temple)를 의미한다. 하지만 일반적으로 '뺨' 이나 '볼' 로 번역된다.

석류 한 쪽(펠라흐 하림몬, פלח הרמון)은 '석류의 조각' (slice of rimmon)이란 뜻이다. 7절에서는 여인의 **뺨** 혹은 볼을 석류 조각의 붉음에 비유하였다.

6:7의 의미는 '너울 뒤로 보이는 그대의 볼은 석류 조각 같다오' 이다.

8 왕비가 육십 명이요 후궁이 팔십 명이요 시녀가 무수하되

왕실에 있는 세 계층의 여인에 대하여 언급하고 있다. 즉 왕비, 후궁, 시녀이다. 그런데 8절의 문제는 **왕비**(말코트, מלכות)가 육십 명이라고 기록된 것이다. 일반적으로 고대 근동 — 아시리아, 바벨론, 페르시아 그리고 이집트 — 에서 왕비는 오직 한 명이었다. 그런데 구약성경에서는 왕에게 여러 부인이 있었으며(렘 38:23; 삼하 12:8), 그 가운데 더 사랑하는 자가 있었던 것으로 기록하고 있다(대하 11:21). 따라서 8절의 왕비는 다른 성경 구절의 '왕의 부인들'에 해당하는 표현으로 이해할 수 있다. [199]

후궁(필레게쉬, פילגש)은 왕비와 동등한 권한을 가진 여인으로 추정된다.

시녀(알마, עלמה)로 번역된 히브리어 명사 알마의 뜻은 '결혼할 수 있는 여자'(marriageable girl) 혹은 '젊은 여자'(young woman)이다. 이 세 계층의 여인들이 9절에서 다시 등장하는데 시녀로 번역된 알마가 '딸'을 뜻하는 히브리어의 복수형인 **바노트**(בנות)로 바뀌었다. 따라서 9절과 연결시켜 시녀 대신 딸 혹은 여인으로 번역할 수도 있다. [200]

두 계층의 여인의 숫자는 르호보암 시대의 왕비와 후궁의 숫자와는 서로 상반된 것으로 나타난다(대하 11:21).

6:8은 남자의 말로 그 의미는 '왕비가 예순 명 후궁이 여든 명 궁녀(혹은 여인)는 수없이 많지만'이다.

> 9 내 비둘기, 내 완전한 자는 하나뿐이로구나 그는 그의 어머니의 외딸이요 그 낳은 자가 귀중하게 여기는 자로구나 여자들이 그를 보고 복된 자라 하고 왕비와 후궁들도 그를 칭찬하는구나

199) O. Keel, *The Song of Songs*, p. 218.
200) O. Keel, *The Song of Songs*, p. 219.

내 완전한 자(타마티, תמתי)의 정확한 번역은 '나의 완전한 여자' 란 뜻이다. **타마티**는 완전한(complete)란 뜻을 지닌 **탐**(תם)의 여성형 **타마**(תמה)에 1인칭 소유격어미가 붙은 것이다.

그 낳은 자가 귀중하게 여기는 자라는 표현은 수메르어로 된 사랑노래인 두무지-인안나의 사랑노래에도 등장하는 표현이다.[201]

여자들(바노트, בנות)의 문자적 의미는 '딸들' (daughters)이다. 본문의 여자들이 아가서에 반복적으로 기록된 '예루살렘의 딸들' (1:5, 2:7, 3:5, 5:16, 8:4)과 같은 사람들을 의미하는지는 정확히 알 수 없다.[202]

6:9의 의미는 '나의 비둘기, 나의 티 없는 여인은 오직 하나 그녀의 어머니의 오직 하나뿐인 딸 낳은 자가 아끼는 딸. 그를 보고 아가씨들은 복되다 하고 왕비들과 후궁들은 칭송한다' 이다.

예루살렘 여자들에 대한 여자의 선언(6:10-12)

10 아침 빛 같이 뚜렷하고 달 같이 아름답고 해 같이 맑고 깃발을 세운 군대 같이 당당한 여자가 누구인가 11 골짜기의 푸른 초목을 보려고 포도나무가 순이 났는가 석류나무가 꽃이 피었는가 알려고 내가 호도 동산으로 내려갔을 때에 12 부지중에 내 마음이 나를 내 귀한 백성의 수레 가운데에

201) *CS I*, pp. 540-541.
202) M.H. Pope, *Song of Songs*, p. 571.

이르게 하였구나

6:10-12은 여자가 예루살렘 여자들에 대한 여자의 선언을 기록하고 있다.

> 10 아침 빛 같이 뚜렷하고 달 같이 아름답고 해 같이 맑고 깃발을 세운 군대 같이 당당한 여자가 누구인가

10절은 의문대명사가 쓰였다. "여자가 누구인가"(미 조트, מִי זֹאת). 이러한 의문대명사는 아가 3:6과 8:5에서 반복적으로 사용된다.

10절의 **뚜렷하고**(니스카파, נִשְׁקָפָה)로 번역된 히브리어 동사의 의미는 '내려다보다'(to look down)이다. **아침빛**(샤하르, שַׁחַר)은 '여명'(dawn) 혹은 '새벽빛'으로 번역하는 것이 바람직하다.

고대 근동에서는 샤하르를 하나의 신적 존재로 숭배하였다. 샤하르(Shahar)는 우가릿에서 신으로 숭배되었으며, 아카드어로는 쉐루(Šēru)와 동일시되는데 쉐루는 아침 달을 의미한다. 이러한 사실은 히브리어로 샤하르 뜻이 '여명'(dawn)과 관련이 있기 때문이다. 우가릿의 기록에서도 샤하르는 '여명' 혹은 '아침별'이란 의미를 갖고 있다. 그런데 우가릿의 신 목록에 의하면 샤하르는 샬리무(Shalimu; 저녁별)와 함께 등장한다. 203) 태양과 마찬가지로 새벽별은 하늘과 지하의 세계와 밀접한 관련이 있다. 204) 에마르(Emar) 기록에 의하면 샤하르

는 지하의 신들과 함께 등장하기도 하면서 폭풍의 신과 연결되기도 한다. 자쿠르 비문(Zakkur inscription)의 기원에 해당하는 부분에 바알-샤마인을 비롯한 여러 신들의 이름이 등장하는데 여기에 샤하르의 이름도 등장한다(KAI 202 B ll 23-28). 또한 텔 아피스(Tel Afis)에서 발견된 비문에 의하면 쉐루가 초생달 위에 앉아 있는 것이 새겨져 있다. 따라서 **아침빛같이 뚜렷하고**의 의미는 '여명처럼 내려다보는' 이다.

달로 번역된 히브리어 **레바나**(לבנה)는 흰색을 뜻하는 **라반**(לבן)과 관련이 있으며, 정확한 의미는 '만월'(滿月, full moon)이다. 특히 '달처럼 아름답다' 는 표현에서 이 아름다움은 만월을 보고 표현한 것이기 때문에 완전한 형태란 의미도 갖는다. 뿐만 아니라 어근과 연관시켜 생각하면 '흰'(white)의 의미도 지니고 있다.

해같이 맑고(바라 카하마, ברה כחמה)는 '불타는 태양처럼 순수하고'(pure as the sun)라는 의미이다.

깃발을 세운 군대 같이 당당하구나(아유마 케니드갈로트, אימה כנדגלות)의 의미는 이미 6:4에서 표현되었던 것처럼 '너무 아름다워 기를 든 군대처럼 두려움까지 자아낸다' 이다. 즉 아름답다 못해 두려움까지 자아낸다는 뜻이다.

6:10은 친구들의 말로서 '여명처럼 내려다보는 달처럼 아름다우며

203) KTU 1. 123 l. 11.
204) S. B. Parker, "Shahar," *Dictionary of Deities and Demons in the Bible*, cols. 1424-1428, esp. 1425.

해처럼 빛나고 기를 든 군대처럼 두려움을 자아내는 저 여인은 누구인가? 란 의미이다. 앞의 4절과 마찬가지로 10절에서도 여자 친구들이 여자의 아름다움을 세 가지로 말한다.

아름다운(יפה)	→	달(moon)
맑고(חמה)	→	해(sun)
두려운(אימה)	→	깃발을 세운 군대(banners)

11 골짜기의 푸른 초목을 보려고 포도나무가 순이 났는가 석류나무가 꽃이 피었는가 알려고 내가 호도 동산으로 내려갔을 때에

골짜기의 푸른 초목이라는
아가 6:11의 구절이 생각나는 경치

11절에는 구약성경에서 단 한 번만 언급되는 명사들이 많이 사용되었다. **호도**로 번역된 히브리어 명사 **에고즈**(אגוז)는 구약성경에 단 한 번만 언급되는 단어로 그 의미는 '호두'(nuts) 혹은 '호두나무'(walnut tree)이다.[205] 호두는 페르시

---

205) 이스라엘 지형에서 호두나무(walnut tree)가 자랄 수 있는 곳은 북쪽의 갈릴리 근처뿐이며, 후기 시대에는 호두나무가 모두 수입되었다. O. Keel, *The Song of Songs*, p. 222.

호도

아로부터 알려진 것이다.[206] 호도는 주로 유럽의 남동부 지역에서부터 페르시아 지역 사이에서 주로 재배된다.[207] 그러나 요세푸스(Josephus)는 갈릴리가 호도 재배에 적당한 지역이라고 주장한다. 11절의 호도 동산에 대하여 포프는 예루살렘에 있는 왕의 정원을 의미한다고 주장한다.[208]

또한 **푸른 초목**(이베이 하-나할, אבי הנחל)으로 번역된 히브리어 **나할**(נחל)은 '대추야자'(datepalm)를 의미한다. '새싹'이란 의미를 가진 **엡**(shoot, אב) 역시 단 한 차례만 사용되었다. 따라서 푸른 초목은 '대추야자 싹'이란 의미이다.

대추야자 싹이란 곧 종려나무의 싹을 의미한다. 종려나무는 가나안 지역에 많이 재배되는 나무 가운데 하나이다. 고대 근동에서 종려나무는 '평화'와 '풍요'의 상징이었다. 뿐만 아니라 시편 92:12에서는 의인의 번성함이 종려나무와 같다고 기록하고 있다. 종려나무는 히브리어로 **타마르**(תמר)이라고 부르며, 고대 근동에서는 오래 전부터 많이 재배되던 나무이다. 종려나무 가지의 길이가 긴 것은 약 3미터

206) S. Malena, "Spice Roots in the Song of Songs," p. 167.
207) M. Zohary, *Plants of the Bible*, (Cambridge: Cambridge University Press, 1982), p. 64.
208) M.H. Pope, *Song of Songs*, p. 580-581.

까지 이르며 여기에 큰 잎들이 달려 있다. 향기로운 하얀 색 꽃을 맺으며 대추야자가 열린다. 나무는 암수가 각기 다르며 인공 수분(受粉)에 의해서 열매를 맺는다. 즉 꽃이 있는 수컷 나무의 가지를 꺾어

종려나무

서 암컷 꽃이 핀 가지에 접붙인다. 일반적으로 수컷 나무 한 그루에서 50-100그루의 암컷 나무에 접붙일 수 있다. 종려나무는 수령이 약 35년 이상 된 다음부터 열매를 맺기 시작하여 매년 종려나무 한 그루에서 57kg 정도의 대추야자를 수확한다. 추수를 마친 종려나무는 각 부분별로 다양하게 사용되었다. 먼저 레위기 23:40에 의하면 종려나무 잎은 초막절(장막절) 첫날에 사용된다고 기록되어 있다. 또한 종려나무의 잎은 솔로몬 성전 장식의 소재로 사용되었다(왕상 6:32). 종려나무의 줄기는 주로 담을 만들거나 기타 건축자재로 사용되었고 경우에 따라서는 땔감으로도 사용되었다.

종려나무 열매인 대추야자는 대체로 8월말-9월초에 수확한다. 그 후 종려나무 가지로 초막을 짓게 된다. 느헤미야 8:15에 의하면 감람나무 가지와 들감람나무 가지, 화석류나무 가지, 종려나무 가지와 기타 무성한 나무 가지를 가져다가 초막을 지으라고 기록하고 있다. 따라서 초막절(일곱 번째 달 열닷째 날 오늘날 9-10월에 해당함)은 종려나무 열매

수확과 밀접한 관계를 맺고 있음을 알 수 있다.

열매의 60퍼센트 이상이 당분인 대추야자는 기본적인 식량으로 사용되었을 뿐만 아니라 꿀을 만드는데도 사용되었다. 구약성경 가운데 꿀이라고 기록된 부분 가운데 49군데는 대추야자 꿀을 의미한다.

철기 시대(주전 1200-586년)에 아라드나 브엘세바 지역에서 종려나무를 재배한 흔적이 고고학적으로 발견되었다. 구약성경에서는 여리고를 '종려나무의 성읍' (이르 타마르, עִיר תָּמָר)이라고 부른다(신 34:3, 삿 1:16, 3:13, 대하 28:15).

또한 순(파르하, פֶּרַח)으로 번역된 단어는 '순이 돋다' (to bud)라는 뜻을 가진 히브리어 동사 파라흐(פרח)의 명사형으로 사용된 단어이다. 순이 났는가는 '봉오리를 맺다' (to blossom)는 뜻의 하네쯔(הֵנֵץ)가 사용되었다.

11절의 대추야자 싹, 포도나무 순 그리고 석류의 꽃은 모두 봄에 피거나 자라는 것들이다.

11절은 7:12를 통해 볼 때 '사랑이 싹트는 것' 을 은유적으로 '포도나무에 순이 나는 것' 으로 표현하였다. 인내심을 갖고 사랑을 꽃 피웠는가를 조사하는 것이 아가서 전체의 주제이며, 아가서는 이것에 대하여 언급하고 있다.

6:11은 남자의 말로 그 의미는 '대추야자나무 새싹을 보기 위하여, 포도나무에 순이 피었는지, 석류나무가 봉오리를 맺었는지 보기

위하여 나는 호두나무 정원으로 내려갔다' 이다.

12 부지중에 내 마음이 나를 내 귀한 백성의 수레 가운데에 이르게 하였구나

부지중에는 5:2과 같이 '아직 잠이 덜 깬 상황'을 묘사한 것이다.

12절 해석의 문제는 **내 귀한 백성**(암미-나딥, עמי-נדיב)을 어떻게 해석하느냐 하는 것이다. 개역개정판 성경처럼 두 단어를 풀어서 "귀한 나의 백성"으로 번역할 것인지 아니면 하나의 고유명사로 번역할 것인지가 문제이다. 70인역에서는 이를 암미나답(Αμιναδαβ)으로 번역하였다.[209] 암미나딥은 암미나답의 변형이다. 이러한 번역의 문제는 암미나답이 누구인가 하는 것이다.

6:12은 여인의 말로서 그 의미는 '나 자신도 모르는 사이에 나는 암미나답의(혹은 귀한 나의 백성의) 병거에 올라타게 되었네' 이다.

---

209) 킬(O. Keel) 역시 이 구절을 '아미나딥의 전차'(chariots of Amminadib)로 번역하였다. O. Keel, *The Song of Songs*, p. 225.

연인의 아름다움을 찬양함(7:1-8)

6:13(7:1) 돌아오고 돌아오라 술람미 여자야 돌아오고 돌아오라 우리가 너를 보게 하라 너희가 어찌하여 마하나임에서 춤추는 것을 보는 것처럼 술람미 여자를 보려느냐 1(2) 귀한 자의 딸아 신을 신은 네 발이 어찌 그리 아름다운가 네 넓적다리는 둥글어서 숙련공의 손이 만든 구슬 꿰미 같구나 2(3) 배꼽은 섞은 포도주를 가득히 부은 둥근 잔 같고 허리는 백합화로 두른 밀단 같구나 3(4) 두 유방은 암사슴의 쌍태 새끼 같고 4(5) 목은 상아 망대 같구나 눈은 헤스본 바드랍빔 문 곁에 있는 연못 같고 코는 다메섹을 향한 레바논 망대 같구나 5(6) 머리는 갈멜 산 같고 드리운 머리털은 자주 빛이 있으니 왕이 그 머리카락에 매이었구나 6(7) 사랑아 네가 어찌 그리 아름다운지, 어찌 그리 화창한지 즐겁게 하는구나 7(8) 네 키는 종려나무 같고 네 유방은 그 열매송이 같구나

이 그림은 주전 1320년경 네페르호텝(Neferhotep) 왕의 무덤 벽화이다. 이집트 고위 관리가 왕으로부터 존경을 받고 마차를 타고 귀가하는 장면을 그리고 있다. 말 머리 상단에 어떤 남자가 머리를 땅에 대고 절하며, 여인은 탬버린을 흔들며 열렬히 환영하고 자녀들은 춤을 춘다(O. Keel, *Song of Songs*, p. 227).

5:9-16과 달리 6:13(7:1)-7:7(8)에서는 남자가 자신의 연인의 아름다움을 발에서부터 위로 찬양하고 있다.

> 6:13(7:1) 돌아오고 돌아오라 술람미 여자야 돌아오고 돌아오라 우리가 너를 보게 하라 너희가 어찌하여 마하나임에서 춤추는 것을 보는 것처럼 술람미 여자를 보려느냐

개역개정판 성경의 6:13은 히브리어 원문에서는 7:1로 기록되어 있다. 따라서 우리말 성경의 아가서 7장은 13절로 구성되어 있지만 히브리어 성경은 14절로 구성되어 있다.

돌아오고 돌아오라(슈비 슈비, שובי שובי)는 명령형이 반복된 형태이며 강조의 의미를 갖는다. 이러한 형태는 사사기 5:12에도 나타난다.[210]

술람미 여자(השולמית)는 우리말 성경처럼 '술람미 여자' 인가 아니면 '술람밋'(Shulammite)으로 번역해야 하는가 문제는 쉽지 않다. 술람미 (שלמית)라는 단어는 솔로몬(שלמה)의 여성형이다. 그러나 대부분의 성경 번역자들은 '술람미 여자' 로 번역한다. 왜냐하면 이것이 고유명사라면 정관사를 붙일 수 없는데 술람미에 정관사가 붙어 있기 때문이다(השולמית).

마하나임에서 춤추는 것(메홀라트 하마하나임, מחלת המחנים, dance in two lines)

---

210) M.H. Pope, *Song of Songs*, p. 595.

에 대한 번역 역시 쉽지 않은 문제이다. 히브리어 마하나임을 '동료들'로 번역해야 할 것인지 아니면 '마하나임' 이라는 지명으로 번역해할 것인지가 문제인 것이다. *HALOT* 사전에서는 **메홀라트 하마하나임**(מחלת המחנים)을 '둘 줄로 춤을 추는' 것으로 번역하였다. 마하나님을 지명으로 번역할 때 마하나임(Mahanaim)은 요단 동쪽, 얍복 강가에 위치한 도시로 추정되지만 그러나 정확한 위치는 알 수 없다.

6:13(7:1)의 의미는 '돌아와요, 돌아와요, 술람밋이여. 돌아와요, 돌아와요, 우리가 그대를 바라볼 수 있도록. 너희는 어찌하여 술람밋이 두 줄로 춤을 추는 것처럼 바라보느냐?' 이다.

7:1(2)은 여인의 신체 가운데 다리 부분을 묘사하고 있다.

신(나알라임, נעלים)을 '신은 것' 으로 묘사하고 있으나 벽화에 그려진 고대 이스라엘 여인은 신을 신지 않은 것으로 묘사되어 있다. 그러나 에스겔 16:10에 의하면 "물 돼지 가죽신," 즉 샌들이 장식품의 하나로 묘사되어 있다.

네 발(프아마이크, פעמיך)은 '너의 발들' (your feet)로 번역해야 한다. 히브리어 **파암**(פעם)은 '발' (foot)을 뜻하기 때문이다.

귀한 자의 딸(바트-나디브 בת־נדיב)이라는 어구에서 히브리어 나디브(נדיב)가 귀족(nobleman)이란 뜻이기 때문에 '귀족의 딸'로 번역할 수 있다.

네 넓적다리는 둥글어서(하무케이 예레키이크, חמוקי ירכיך)는 '허벅지'(thigh), 혹은 '엉덩이'(hip)를 뜻하는 야레크(ירך)와 '곡선'이란 의미를 가진 하무크(חמוק)가 결합되어 '네 엉덩이의 곡선,' 즉 '네 둥근 엉덩이'(curves of your hips)로 번역해야 한다. 왜냐하면 1절은 발과 엉덩이의 아름다움을 묘사하는 것이기 때문이다.

구슬 꿰미(할리, חלי)로 번역된 히브리어 단어 할리의 복수형 할라임(חלאים)의 정확한 의미는 '장신구'(ornament)이다.

7:1(2)은 남자의 말로 그 의미는 '신발(샌들) 속의 네 발이 아름답기도 하다. 귀족의 딸이여! 네 둥근 엉덩이는 장인의 손이 만든 장식품(목걸이)같구나'이다.

그리스의 크라테르

2(3) 배꼽은 섞은 포도주를 가득히 부은 둥근 잔 같고 허리는 백합화로 두른 밀단 같구나

배꼽(쇼르, שר)은 생긴 모양 그대로를 묘사하고 있다. 즉 둥근 잔(아간 하사하르, אגן הסהר)에 비유한다. 히브리어 아간(אגן)은 전문적인 용어로 그리스에서 물과 포도주를 섞는 데 쓰던 단지인 크

라테르(krater)를 의미한다. 크라테르는 넓적한 아가리에 몸통이 크고 위로 뻗은 손잡이가 두 개 달려 있다.

섞은 포도주(마제그, מזג)는 '향긋한 포도주' (spiced wine)란 의미도 있다. 따라서 2절 상반절을 해석할 때 '네 배꼽에 향긋한 포도주가 부족하지 않다' 혹은 '네 배꼽은 향긋한 포도주가 떨어지지 않는 둥근 잔'으로 번역할 수 있다. 그러나 의미는 거의 유사하다.

밀단(아레마트 히팀, ערמת חטים)으로 번역된 히브리어의 원래 의미는 '밀 더미' (heap of wheat)를 가리킨다. **두른**(סוג)으로 번역된 히브리어의 원래 뜻은 '둥그렇게 담을 친' (fenced around)것을 가리킨다.

7:2(3)의 의미는 '네 배꼽은 둥근 잔, (같아서) 향긋한 포도주가 떨어지지 않는다. 네 배는 백합화로 둥그렇게 담을 두른 밀 더미' 이다.

3(4) 두 유방은 암사슴의 쌍태 새끼 같고

암사슴의 쌍태(슈네이 오파림, שני עפרים)는 정확하게 '두 마리의 어린 사슴' (two fawns)이라고 번역해야 한다. 개역개정판 번역에서는 3절을 원문에 충실하게 번역하지 않았다. 따라서 '쌍둥이 노루' 라는 부분이 번역되지 않았다.

7:3(4)의 의미는 '네 두 젖가슴은 두 마리의 어린 사슴, 쌍둥이 노루 같다오' 이다.

4(5) 목은 상아 망대 같구나 눈은 헤스본 바드랍빔 문 곁에 있는 연못 같고
코는 다메섹을 향한 레바논 망대 같구나

4절에서는 목, 눈, 코에 대하여 '~처럼'(~כ)을 사용하여 비유로 묘사
하고 있다. 특히 풍부한 이스라엘 주변 지역에 대한 구체적인 정보를
바탕으로 표현하고 있다.

헤스본은 암몬의 도시로서 랍바(Rabbath) 남쪽에 위치하고 있다. 헤스본에서 발견된 오스트라카는 암몬이 곡식, 무화과, 가축 그리고 포도주 등으로 조공을 받쳤음을 증거해 주고 있다.[211]

7:4(5)의 의미는 '네 목은 상아탑, 네 두 눈은 헤스본의 바드라빔 성문 근처에 있는 못, 네 코는 다마스쿠스 쪽을 살피는 레바논 탑과 같구나' 이다.

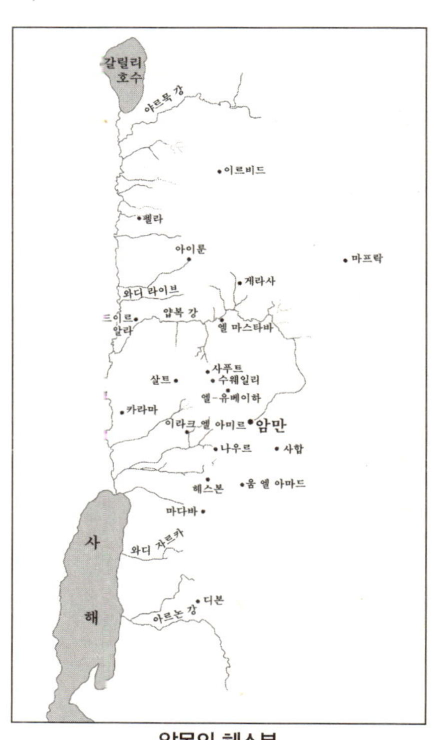

암몬의 헤스본

211) 김영진, 『성서와 민족』(광주: 올람하타낙, 2003), pp. 152-153.

5(6) 머리는 갈멜 산 같고 드리운 머리털은 자줏 빛이 있으니 왕이 그 머리카락에 매이었구나

아가 7:5(6)은 **머리털**(달라트 로쉬 ראש הלת)과 **머리카락**(라하트 רהט)에 대하여 묘사하고 있다.

머리카락(라하트 רהט)은 문자적으로 '머리 타래'(lock)를 뜻한다.

7:5(6)의 의미는 '네 머리는 갈멜 같고 네 머리털은 자색. 왕이 머리 타래에 묶였다' 이다.

6(7) 사랑아 네가 어찌 그리 아름다운지, 어찌 그리 화창한지 즐겁게 하는구나

6절은 연인의 아름다움을 감탄사로 표시하고 있다. 히브리어 의문대명사인 **마**(מה)는 우리말로 '어찌'(how)로 번역해야 한다.

화창한지(타아누그, תענוג)로 번역한 히브리어 단어의 의미는 '우아함'(daintiness) 혹은 '소중한'(pamper)의 의미를 갖는다.

7:6(7)의 의미는 '정녕 아름답고 사랑스럽구나. 사랑, 환희의 여인이여!' 이다.

7(8) 네 키는 종려나무 같고 네 유방은 그 열매송이 같구나

키(코마, קומה)로 번역된 단어의 의미는 '높이' (height)이다.

쿨란 근처의 종려나무

종려나무(타마르, תמר)를 키에 비유한 것은 종려나무가 높이 뻗은 것을 묘사한 것이다.

열매송이(에쉬콜, אשכול)로 번역된 히브리어의 의미는 '포도 뭉치' (vine cluster), 즉 송이이다.

7:7(8)의 의미는 '네 키는 종려나무 같고 네 가슴은 (야자) 송이 같구나'이다.

연인의 결합(7:9–11)

8(9) 내가 말하기를 종려나무에 올라가서 그 가지를 잡으리라 하였나니 네 유방은 포도송이 같고 네 콧김은 사과 냄새 같고 9(10) 네 입은 좋은 포도주 같을 것이니라 이 포도주는 내 사랑하는 자를 위하여 미끄럽게 흘러내려서 자는 자의 입을 움직이게 하느니라 10(11) 나는 내 사랑하는 자에게 속하였도다 그가 나를 사모하는구나

7:8(9)-10(11)은 두 연인의 결합을 그리고 있다.

8(9)내가 말하기를 종려나무에 올라가서 그 가지를 잡으리라 하였나니 네 유방은 포도송이 같고 네 콧김은 사과 냄새 같고

가지(산시나, ‏סנסנה‎)로 번역된 히브리어 단어 **산시나**의 의미는 ‘대추야자의 열매줄기’(fruit stalk of palm tree), 혹은 ‘대추야자의 꽃송이’(blossom-cluster of dates)이다.

7:8(9)의 의미는 ‘나는 말하였다오. 내가 종려나무에 올라 그 꽃송이를 붙잡으리라. 너의 가슴은 포도송이, 네 코의 숨결은 사과’ 이다.

9a(10a) 네 입은 좋은 포도주 같을 것이니라

9a의 문제는 이 말을 누가 한 것이냐는 것이다. 그러나 문법적으로 **네 입**(히케크, חִכֵּךְ)은 여성 2인칭 단수 소유격 어미가 붙었기 때문에 남자의 말로 이해할 수 있다.

입(헤크, חֵךְ)으로 번역된 히브리어 **헤크**는 '입천장'(palate)이라는 뜻이다. 따라서 문자적인 의미는 '입천장이 좋은 포도주 같을 것'이다 라는 뜻이다. 이것은 그녀와의 진한 키스의 달콤함을 노래한 것이다. 따라서 **네 입은 좋은 포도주 같을 것이니라**는 의미는 '네 키스는 좋은 포도주 같을 것이니라' 는 뜻이다. [212]

7:9a(10)의 의미는 '네 입천장은 좋은 포도주 같아라' 이다.

미끄럽게 흘러내려서(홀렉 ... 메이샤림, מֵישָׁרִים ... הוֹלֵךְ)의 의미는 '곧바로 흘러가는' 이란 뜻이다.

움직이게 하느니라(도베브, דוֹבֵב)는 '미끄러지다'(to glide)의 의미를 갖고 있다. 따라서 9b절에서는 포도주가 흘러 들어가는 모습을 묘사하고 있다.

7:9b(10)는 여자의 말로 그 의미는 '나의 연인에게 곧바로 흘러가

---

212) G.S. Ogden and L. Zogbo, *Song of Songs*, p. 206.

는, 잠자는 이들의 입술로 흘러드는 포도주' 이다.

10(11) 나는 내 사랑하는 자에게 속하였도다 그가 나를 사모하는구나

사모하는구나(테슈카, תשוקה)는 '원함' (longing)이란 뜻이다. 10절은 6:3의 표현과 유사하며, 문자적으로 해석하면, '나는 나의 연인에게 속하였고, 그의 갈망함은 나에게 있다' 이다.

7:10의 의미는 '나는 내 연인에게 속했고, 그의 갈망함은 나에게 있다' 이다.

핵심 메시지

아가서 5:2-7:11은 떠나버린 연인을 그리워하며, 다시 재회하는 기쁨을 묘사한다.

• 사랑은 두려움이 없는 것으로 어떤 위험을 무릅쓰고서라도 찾아야 하는 것이다.

• 사랑은 서로를 억압하지 않는 것이다.

젊은 여인이 청년을 초청함(7:11(12)-8:4)

7:11(12) 내 사랑하는 자야 우리가 함께 들로 가서 동네에서 유숙하자 12(13) 우리가 일찍이 일어나서 포도원으로 가서 포도 움이 돋았는지, 꽃술이 퍼졌는지, 석류 꽃이 피었는지 보자 거기에서 내가 내 사랑을 네게 주리라 13(14) 합환채가 향기를 뿜어내고 우리의 문 앞에는 여러 가지 귀한 열매가 새 것, 묵은 것으로 마련되었구나 내가 내 사랑하는 자 너를 위하여 쌓아 둔 것이로다 8: 1 네가 내 어머니의 젖을 먹은 오라비 같았더라면 내가 밖에서 너를 만날 때에 입을 맞추어도 나를 업신여길 자가 없었을 것이라 2 내가 너를 이끌어 내 어머니 집에 들이고 네게서 교훈을 받았으리라 나는 향기로운 술 곧 석류즙으로 네게 마시게 하겠고 3 너는 왼팔로는 내 머리를 고이고 오른손으로는 나를 안았으리라

7:11(12)-8:4은 여자가 연인을 초청하는 내용을 담고 있다.

11(12) 내 사랑하는 자야 우리가 함께 들로 가서 동네에서 유숙하자

11절은 여자의 말로 남자와 함께 지내기를 갈망하는 유혹의 말이다. **유숙하자**(날리나, נָלִינָה)는 '잠을 자자' 는 뜻을 가진 **린**(לין)의 청유형으로 그 의미는 '밤을 같이 보내자' (remain (over) through the night)이다.

들(사데, שָׂדֶה)은 일반적인 의미인 밭을 의미하기 보다는 마을에서 떨어진 은밀한 곳 즉, 자신들만이 있을 수 있는 곳을 의미한다. **동네**(크파르, כְּפָר)로 번역된 히브리어의 의미는 '성벽이 없는 마을' 이다. 따라서 들로 가서 동네에서 유숙하자는 말은 '성에서 벗어나 들판에 머물자' 는 뜻이다. 어떤 학자들은 동네를 1:14의 고벨화 밭으로 이해하기도 한다.[213]

7:11(12)의미는 '오시오! 나의 연인이여! 우리 함께 들로 나갑시다. 우리 함께 마을에서 밤을 지내요' 이다.

> 12(13) 우리가 일찍이 일어나서 포도원으로 가서 포도 움이 돋았는지, 꽃술이 퍼졌는지, 석류 꽃이 피었는지 보자 거기에서 내가 내 사랑을 네게 주리라

12절에는 생물학적인 지식이 요구될 만큼 포도나무, 석류나무의 개화에 관하여 자세히 설명되어 있다. '움이 돋다' (to bud)라는 뜻의 동사(파라흐, פָּרַח), '개화하다' (to bloom)라는 뜻의 동사(헤네츠, הֵנֵץ), '꽃망

213) G.S. Ogden and L. Zogbo, *Song of Songs*, p. 211.

울'(blossom)을 뜻하는 명사(스마다르, סמדר)가 사용되었다. 즉 봄이 이르렀는지 살펴보자는 뜻이다. 왜냐하면 2:8-17에 의하면 사랑하기 좋은 봄에 사랑하는 자가 오기 때문이다. 봄이 이르게 되면 사랑을 이룰 수 있음을 말해준다.

7:12(13)은 남자의 말로서 11절에 대한 대답이다. 그 의미는 '우리가 일찍 포도밭으로 나가 보자! 포도나무 움이 돋았는지, 꽃망울이 열렸는지, 석류나무 꽃이 망울졌는지. 거기에서 나의 사랑을 네게 바치겠다' 이다.

13(14) 합환채가 향기를 뿜어내고 우리의 문 앞에는 여러 가지 귀한 열매가 새 것, 묵은 것으로 마련되었구나 내가 내 사랑하는 자 너를 위하여 쌓아둔 것이로다

합환채

합환채(두두임, דודאים, mandrake)는 지중해 연안에서 나는 '마취제'를 뜻한다.

쌓아둔 것이로다(짜판, צפן)로 번역된 동사의 원래 의미는 '숨겨두다'(to hide) 혹은 '쌓아두다'(to store)이다.

또한 귀한 열매(메데그, מגד)로 번역된 히브리어는 주로 복수형(미그도트, מגדות)으로 사용되며 '귀한 선물'(precious gift), '최고의 과일'(excellent fruit) 등의 의미를 나타낸다.

7:13(14)의 의미는 '합환채는 향기를 내고 우리의 문에는 모든 귀한 과일들이 햇것도 있고 묵은 것도 있다. 나의 연인이여 내가 너를 위하여 숨겨두었다(혹은 쌓아두었다)' 이다.

8:1-4에서 여자는 남자와의 결합을 갈망하고 있다. 특히 사랑이 문화적인 저항에 부딪히는 것을 묘사한다.[214] 1-4절에서 3절은 2:6을 반복하고, 8:4은 2:7, 3:5의 축약형으로 반복하고 있다.

8:1 네가 내 어머니의 젖을 먹은 오라비 같았더라면 내가 밖에서 너를 만날 때에 입을 맞추어도 나를 업신여길 자가 없었을 것이라

이집트에서 발견된 것으로 여인이 젖먹이는 모습을 조각한 것

1절에서 여자는 연인이 오라버니이기를 원한다. 그 이유는 그녀가 공개적으로 키스하는데 아무런 제약을 받지 않고 창녀로 오인받지 않기 위해서이다.[215] 아마도 이 여인은 1:7-8과 같은 상황이 자신에게 방해가 된 것 같다. 따라서 공개적으로 연인에게 키스와 같은 친근감을 표시하고 싶어하는 마음을 읽을 수 있다.

214) T. Longman III, *Song of Songs*, p. 203.
215) O. Keel, *The Song of Songs*, p. 261.

8:1은 여자의 말로 그 의미는 '누가 너를 나에게 내 어머니의 젖을 빨던 오라버니로 줄 수 있는가? (그러면) 내가 밖에서 너를 만나 입 맞추어도 나를 경멸하지 못한다' 이다.

잠언 7:13을 근거로 고대 이스라엘의 관습을 참고하면, 결혼을 했다 하더라도 다른 성(性)끼리 공개적으로 키스하거나 사촌과 키스하면 창녀로 인식하였다(창 29:11). 따라서 8:1의 **업신여길**(보즈, בוז)은 문화적인 미묘함에 의하여 생겨난 것임을 알 수 있다. [216]

2 내가 너를 이끌어 내 어머니 집에 들이고 네게서 교훈을 받았으리라 나는 향기로운 술 곧 석류즙으로 네게 마시게 하겠고

2절은 1절의 연속으로 여인이 원하는 것을 기술하고 있다.

향기로운 술(야인 하레카흐, יין הרקח)은 '향기가 있는 포도주'(spiced wine)란 뜻이다. **석류즙**(아시스 리몬, עסיס רמון)의 의미는 '석류 주스'(juice of my pomegranate)이다. 하지만 고대 이스라엘에서 과실의 달콤한 주스를 '달콤한 술'(sweet wine)로 표현하기도 하였다.

본문에서 '마시다' 는 관능적인 즐거움에 대한 은유적 표현이다. 즉 향기로운 술이 관능적인 흥분을 유발시키는 수단으로 묘사된 것이다. [217]

216) T. Longman III, *Song of Songs*, p. 204.
217) O. Keel, *The Song of Songs*, p. 262.

8:2의 의미는 '나를 가르치시는 내 어머니의 집으로 너를 이끌어 데려가고, 네게 향료 섞인 술, 나의 석류주(석류주스)를 마시게 할 것이다' 이다.

고이고라고 번역한 것은 의역이다. 8:3의 문자적인 의미는 2:6에서 언급했듯이 '왼팔이 내 머리 밑에 있다' 는 뜻이다.

8:3의 의미는 '그의 왼쪽(즉 왼팔)이 내 머리 밑에 있고, 그의 오른쪽(즉 오른팔)은 나를 껴안았으리라!' 이다.

8:3-4은 2:6-7에서 이미 언급한 내용이다. 그러나 2:7과 달리 "노루와 들사슴으로"란 표현이 생략되어 있다.

8:4은 남자의 말로 그 의미는 '예루살렘 아가씨들이여 그대들에게 애원하니 우리 사랑을 방해하지도 깨우지도 말아주오. 그녀가 원할 때까지' 이다.

핵심 메시지

아가서 7:11(12)-8:4은 연인을 초청하는 젊은 여인의 노래이다.

- 사랑은 두려움 없이 적극적으로 얻어야 하는 것이다.

두 연인의 사랑과 열망에 대한 고백(8:5-14)

5 그의 사랑하는 자를 의지하고 거친 들에서 올라오는 여자가 누구인가 너로 말미암아 네 어머니가 고생한 곳 너를 낳은 자가 애쓴 그 곳 사과나무 아래에서 내가 너를 깨웠노라 6 너는 나를 도장 같이 마음에 품고 도장 같이 팔에 두라 사랑은 죽음 같이 강하고 질투는 스올 같이 잔인하며 불길 같이 일어나니 그 기세가 여호와의 불과 같으니라 7 많은 물도 이 사랑을 끄지 못하겠고 홍수라도 삼키지 못하나니 사람이 그의 온 가산을 다 주고 사랑과 바꾸려 할지라도 오히려 멸시를 받으리라 8 우리에게 있는 작은 누이는 아직도 유방이 없구나 그가 청혼을 받는 날에는 우리가 그를 위하여 무엇을 할까 9 그가 성벽이라면 우리는 은 망대를 그 위에 세울 것이요 그가 문이라면 우리는 백향목 판자로 두르리라 10 세울 성벽이요 내 유방은 망대 같으니 그러므로 세울 그가 보기에 화평을 얻은 자 같구나 11 솔로몬이 바알하몬에 포도원이 있어 지키는 자들에게 맡겨 두고 그들로 각기 그 열매로 말미암아 은 천을 바치게 하였구나 12 솔로몬 너는 천을 얻겠고 열매를 지키는 자도 이백을 얻으려니와 내게 속한 내 포도원은 내 앞에 있구나

8:5-14은 두 남녀가 서로에 대한 사랑과 갈망을 고백하고 있다.

의지하고(히트라펙크, התרפק)는 문자 그대로 '의지하다' (to support oneself)
라는 뜻이다.

거친 들(미드바르, מדבר)로 번역된 히브리어 단어는 지리적 용어로 '광
야' (wilderness)로 번역하는 것이 바람직하다.

거친 들에서 올라오는 여자가 누구인가(미 조트 올라 민하-미드바르, מי זאת
עלה מן-המדבר)는 3:6의 표현이 그대로 반복된 것이다.

8:5a는 친구들의 말로 그 의미는 '자기 연인을 의지하고 광야에서
올라오는 저 여인은 누구인가?' 이다.

잉태하다(히벨, חבל)는 일반적인 단어와 다른 단어를 사용하였다. 히

브리어 동사 히벨의 의미는 '잉태의 상태'를 나타낸다. 즉 '잉태하다' (be pregnant)이다.

8:5b는 여인의 말로 그 의미는 '사과나무 아래에서 나는 너를 깨웠다. 거기에서 당신 어머니가 당신을 잉태하였다. 거기서 너를 낳으신 분이 너를 잉태하였다' 이다.

6 너는 나를 도장 같이 마음에 품고 도장같이 팔에 두라 사랑은 죽음 같이 강하고 질투는 스올 같이 잔인하며 불길 같이 일어나니 그 기세가 여호와의 불과 같으니라

고대 인장

팔(즈로아, זרוע)에 인장을 두라' 는 것은 '도장을 팔에 묶고 다니라' 는 것을 의미한다. 이것은 유대인들이 팔에 하나님의 말씀을 묶고 다니는 것을 연상하게 한다. 따라서 하나님의 말씀을 항상 팔에 묶고 다니듯이 자신을 항상 소유하라는 뜻이다. 뿐만 아니라 고대 이스라엘에서 도장을 찍어 각인이 새겨지면 새겨진 그림은 그 도장 소유자와 동일시하였다. 따라서 도장을 마음이나 팔에 품거나 두라는 것은 도장을 찍어 새겨 항상 그 사람을 생각하

라는 것이다. 즉 여인은 자신을 마음과 팔에 새기라고 청한다.

6절에서는 사랑을 죽음에 비유하였다. 고대 근동에서 죽음은 강한 힘을 가진 신으로 인식하여, 인격화하였다. 따라서 우가릿에서는 죽음의 신을 **모트**(mut)라고 부른다. 이 모트 신은 가나안의 생명의 신이며, 풍요의 신이었던 **바알**(Baʿal, בעל)을 일시적으로 삼킬 만큼 강력한 힘을 가지고 있었다.[218] 여인은 자신의 사랑이 죽음보다 더 강하다고 주장한다.

질투(키나, קנאה)는 하나님에 대한 인간의 '열정'(passion), 성적인 '열정' 혹은 '시기'(envy)를 의미한다.

불길(레쉐프, רשף)은 원래 '불꽃'(flame)을 의미한다. "여호와의 불"로 번역한 히브리어 단어(샬헤베트야, שלהבתיה)는 여기에만 등장한다. 어떤 학자들은 **샬헤베트야**가 **샬하보트**(שלהבת)와 여호와의 약어인 **야**(יה)가 결합된 단어라고 주장하기도 한다. 이럴 경우 **샬헤베트야**의 의미는 '강한 불꽃'(mighty flame)이다. 개역개정판 성경에서 **여호와의 불**로 번역한 것은 이러한 주장을 수용한 것이다.

8:6의 의미는 '도장처럼 나를 녀의 마음에 두어라, 도장처럼 나를 당신의 팔에 지녀라. 사랑은 죽음처럼 강하고 열정은 스올처럼 힘든 것. 그 열기는 불의 열기 강력한 불길이다' 이다.

---

218) T. Longman III, *Song of Songs*, p. 210.

7 많은 물도 이 사랑을 끄지 못하겠고 홍수라도 삼키지 못하나니 사람이
그의 온 가산을 다 주고 사랑과 바꾸려 할지라도 오히려 멸시를 받으리라

홍수로 번역된 히브리어의 원래 의미는 '강들도 그것을 씻어낼 수
없다' 혹은 '강들도 사랑을 홍수로 덮을 수 없다' 이다. 왜냐하면 히
브리어 동사 **샤타프**(שׁטף)는 '씻어내다' (wash off) 혹은 '넘치다' (overflow)
의 의미를 가지기 때문이다. 고대 근동에서 홍수는 하나님의 심판의
도구로 무엇을 제거할 때 많이 사용된다(노아홍수).

8:7의 의미는 '많은 물도 사랑을 끄기 위하여 삼킬 수 없다. 강들도
그것을 씻어버릴 수 없다. 어떤 사람이 사랑 때문에 그의 집의 모든
재산을 내놓는다 해도 사람들이 그를 경멸할 뿐이다' 이다.

8 우리에게 있는 작은 누이는 아직도 유방이 없구나 그가 청혼을 받는 날
에는 우리가 그를 위하여 무엇을 할까

이 구절에서 오빠들은 1:6에서처럼 어떻게 누이동생을 보호할 것
인가를 자문하고 있다. 전통적으로 보면 오빠들은 누이동생의 결혼
을 관장하는 권한을 가지고 있었다(창 24:29-60, 34:6-17: 삿 21:22).

8:8은 여자의 오빠들의 말로 그 의미는 '우리에게는 작은 누이동
생이 하나 있다. 그녀는 아직 젖가슴이 없다. 누가 구혼이라도 하는
날이면 우리 누이를 어떻게 말해야 하나?' 이다.

9 그가 성벽이라면 우리는 은 망대를 그 위에 세울 것이요 그가 문이라면 우리는 백향목 판자로 두르리라

은 망대(티라트 케세프, שׁיּרת כּסף)의 정확한 의미는 '은 흉벽'(silver battlement)이다. 8절에서 제기했던 질문에 대한 오빠들의 대답이다. 누이동생을 성벽과 문이라는 은유로 표현하고 있다. 문의 이미지는 누이동생의 성적인 문란을 은유적으로 표현한 것이다. 이와 반대되는 이미지는 성벽이다.[219]

그가 성벽이라면 우리는 은 망대를 그 위에 세울 것이요라는 표현은 '누이동생이 정숙하며, 처녀라면 오빠들이 더욱더 동생의 순결을 지킬 것이라' 는 뜻이다. 은 망대를 세우는 것은 그녀의 정숙함에 대한 경의의 표현이다.[220]

반대로 **그가 문이라면 우리는 백향목 판자로 두르리라**는 표현은 '누이동생의 성적인 개방성을 오빠들이 막아버리겠다' 는 뜻이다. 이처럼 누이동생의 성적인 보호를 위한 오빠들의 역할은 창세기 34장의 디나 이야기에서 잘 나타난다.

8:9의 의미는 '그녀가 성벽이라면 그 위에다 은으로 흉벽을 세우고 그녀가 문이라면 백향나무 널빤지로 막아 버리겠다' 이다.

219) T. Longman III, *The Song of Songs*, p. 217.
220) T. Longman III, *The Song of Songs*, p. 217.

10 나는 성벽이요 내 유방은 망대 같으니 그러므로 나는 그가 보기에 화평
을 얻은 자 같구나

10절은 오빠들에 대한 여자의 답변이다. 그녀는 자신을 쉽게 접근
할 수 없는 여인이라고 말한다.[221] 특히 자신의 유방은 튼튼한 성벽
의 망대와 같이 철통같다고 표현하고 있다.

8:10의 의미는 '나는 성벽, 내 유방은 망대와 같아요. 그러나 그의
눈앞에서는 화평을 찾는 자입니다' 이다.

11 솔로몬이 바알하몬에 포도원이 있어 지키는 자들에게 맡겨두고 그들로
각기 그 열매로 말미암아 은 천을 바치게 하였구나

지키는 자로 번역된 히브리어(노트림, נוטרים)의 의미는 문자적으로 '포
도원을 지키는 자' (a guard of vineyard)이지만 속뜻은 '소작인' 이다.

11-12절의 가장 어려운 문제는 이것을 누가 말했는가이다. 이에 대
한 학자들의 견해가 통일되어 있지 않지만 많은 주석가들은 여인의
말로, 자랑하는 것이라고 주장한다.[222]

은 천(엘레프 카세프, אלף כסף)이란 '은 천 세겔' 이란 의미이다. 1세겔은

---

221) O. Keel, *The Song of Songs*, p. 279.
222) R. Alden, "Song of Songs 8:12a: Who Said It?" *JETS* 31 (1988), p. 275; T. Longman III, *The Song of Songs*, p. 218.

대략 11.3그램 정도의 무게이다. 따라서 구약에서 흠 없는 숫양을 사는데 약 2세겔을 지불했다면(레 5:15), 은 천, 즉 천 세겔은 대략 11.3킬로그램에 해당하는 상당히 많은 양이다.

바알하몬(בעל המון)은 70인역에서 벨라몬(Beelamon, Βεελαμων)으로 번역하여 도단(Dothan) 근처의 발라몬(Balamon, 유딧서 8:3)과 동일시하지만 정확한 위치는 알 수 없다.[223)]

아가서 전체에서 포도원은 여성의 성적인 이미지로 사용되거나 혹은 구애의 장소로 많이 언급된다(1:6, 2:15, 7:8).

8:11은 남자의 말로 그 의미는 '솔로몬에게는 바알 하몬에 포도밭이 하나 있었다. 그는 그 포도밭을 소작인들에게 맡겨 그의 과실로(즉 수확의 대가로) 각 사람이 은 천을 가져오게 하였다' 이다.

> 12 솔로몬 너는 천을 얻겠고 열매를 지키는 자도 이 백을 얻으려니와 내게
> 속한 내 포도원은 내 앞에 있구나

12절의 내용을 보면 이것에 관해서 남자 혹은 여자 중 누가 한 말인지 알 수 없다. 그러나 솔로몬의 포도원의 수익이 천이고, 소작인도 이 백의 이익을 얻는다고 말하는 화자의 포도원은 단 하나밖에 없음을 말한다. 따라서 롱맨 3세(T. Longman III)는 12절은 헌신적인 사랑

223) T. Longman III, *The Song of Songs*, p. 219.

을 강조하며, 중혼이나 난잡한 성관계에 대한 반대적 견해를 피력하고 있다고 주장한다.[224]

8:12의 의미는 '나의 포도밭은 오직 나에게만 속한다오. 천은 당신, 솔로몬의 것이고 이 백은 그의 열매를 거둔 소작인들 것이다' 이다.

13 너 동산에 거주하는 자야 친구들이 네 소리에 귀를 기울이니 내가 듣게 하려무나

13절은 문법적으로 이해하기 매우 어렵지만 이것은 남자의 말임을 알 수 있다. 왜냐하면 **동산에 거주하는 자**란 표현이 여성형 단수명사로 쓰였기 때문이다.

8:13은 남자의 말로 그 의미는 '동산에 거주하는 자여! 친구들이 너의 목소리에 귀 기울이고 있다. 나에게 들려다오' 이다.

14 내 사랑하는 자야 너는 빨리 달리라 향기로운 산 위에 있는 노루와도 같고 어린 사슴과도 같아라

이 구절에서 남자는 자신의 연인과의 관계를 갖고 싶어하며, 여자도 자신의 연인과 함께 있고 싶음을 나타낸다. 아가서의 끝부분인 14절은 전체 앞부분과 연결하여 생각할 때 갑작스럽게 끝나고 있다.

224) T. Longman III, *The Song of Songs*, p. 220.

8:14은 여자의 말로 그 의미는 '나의 연인이여, 서두르세요. 노루처럼, 젊은 사슴처럼 되어 발삼산 위로 서둘러 오세요' 이다.

핵심 메시지

아가서 8:5-14은 서로에 대한 사랑을 고백하고 있다.

- 사랑은 무엇과도 바꿀 수 없는 고귀하고 위대한 힘을 지니고 있다.
- 그러나 남녀의 사랑은 완전하지 않으며, 항상 이별과 재회가 있는 것이다.

제3부
결론

결론

아가서는 제목 그대로 구약성경의 노래 가운데 가장 아름다운 노래이다. 그런데 그 주제가 남녀의 사랑이다. 즉 아가서는 남녀 사랑의 아름다움을 노래하는 시이다. 아가서는 고대 근동의 보편적인 신들의 사랑과 결혼이야기의 주제(*hieros gamos*)를 탈신성화-탈신화화 하여 지극히 세속적인 남녀의 사랑노래를 기록한 것이다. 비록 유치할 정도의 남녀의 사랑의 아름다움을 노래하고 있지만 주제의 선정이나 표현방식에 있어서는 가장 신학적이고, 신앙적인 노래이다. 왜냐하면 이 남녀의 사랑도 하나님의 창조 세계와 비교될 만큼 아름다운 것이기 때문이다. 따라서 아가서는 육감적인 남녀의 사랑을 하나님의 창조 세계로 승화시킨 노래이다.

구약성경에는 많은 고대 근동의 주제들이 사용되면서 탈신화화-탈신성화의 과정을 겪은 예가 많다. 따라서 아가서를 이해할 때 은유적인 의미를 찾기보다는 하나님의 피조물인 책임 있는 남녀의 만남과 헤어짐, 그 후 다시 만남으로 아름답고 위대한 사랑을 노래하는 것으로 이해해야 한다. 아가서는 하나님의 피조물인 인간의 존엄성과 위대함을 나타낼 뿐만 아니라 존귀한 사람들 사이의 사랑의 위대함을 노래하고 있다. 이를 통하여 피조물간의 사랑의 위대함을 표현함으로써 피조물에 대한 하나님의 무한한 사랑을 나타내는 가장 신학적인 작품이다. 그럼에도 불구하고 남녀의 사랑은 완전한 것이 아니기 때문에 이별 그리고 재회의 반복이 있음을 말하고 있다.

이러한 아름다움과 함께 아가서는 사상적인 면에서 보면 매우 놀랄만한 혁명적인 시이다. 지금까지 발견할 수 없었던 사상 뿐만 아니라 지금까지 조금씩 변해왔던 사상적 변화가 한꺼번에 농축된 노래이다. 따라서 아가서는 매우 획기적인 노래가 아닐 수 없다.

육감적 사랑을 하나님의 창조로 승화

아가서의 가장 큰 주제는 하나님의 피조물인 남녀의 육감적인 사랑을 하나님의 창조로 승화한 것이다. 이를 위하여 아가서의 시인은 다양한 문학적 기교(은유, 직유법 등)를 통하여 남녀의 사랑을 마치 하나님이 창조하신 자연의 아름다움에 비교한다. 따라서 사랑을 하는 남자와 여자 그리고 이들의 사랑을 가장 아름다운 꽃, 가장 향기로운 향품, 가장 달콤한 포도주에 비유한다. 뿐만 아니라 이 사랑을 이방의 아름다움과 비교함으로써 이방 세계 역시 하나님의 창조 세계임을 간접적으로 노래하고 있다.

육체의 아름다움

아가서의 가장 큰 특징 가운데 하나는 사랑하는 남녀가 서로의 연인에 대하여 아름다운 자연에 비유함으로써 인간의 육체적 아름다움을 하나님의 창조의 영역에 포함시킨다. 아가서에서 남자는 여인의 아름다움에 대하여 머리부터 발끝까지 그 자태의 아름다움을 노래한다(1:8-11). 여인의 아름다움을 세상의 자연적인 아름다움과 인공적인 아름다움 모두와 견줄만한 것으로 노래한다. 특히 이것을 바로의 병거의 준마에 비하였고(1:9), 고벨화, 비둘기 등의 아름다움에 비교하고 있다(1:14, 15). 무엇보다 아가 4:2-7에서는 여인의 입술, 뺨, 목, 유방의 아름다운 모양을 찬양한다. 뿐만 아니라 여자도 자신의 연인에 대하여 위로부터 아래로 그 아름다움을 노래한다(5:9-16). 피부(10), 머리와 머리카락(11), 눈(12), 뺨과 입술(13), 손과 몸(14), 다리(15) 등의 생김새의 뛰어남을 노래하고 있다. 또한 아가 6:4-9에서 남자는 자신의 여자의 육체적 아름다움을 노래하고 있다.

　이러한 육체의 아름다움은 전통적인 구약성경의 생각과 차이가 난다. 사무엘상 16:7에서 여호와께서 사무엘에게 이스라엘의 왕을 선택할 때 그의 용모와 키를 보지 말라고 말한다. 또한 재판에 있어서 사람의 외모를 보고 잘못된 재판을 해서는 안 된다고 말한다(신1:17, 16:19). 또한 신명기 10:17에서 하나님은 사람을 외모로 보지 않으신다고 말한다. 이처럼 신명기와 신명기 사가에 있어서 생김새가 중요하지 않다고 말하고 있다.

그러나 아가서에서는 사람의 생김새의 아름다움을 찬양하며, 이것들이 하나님이 창조하신 피조 세계의 아름다움과 비유됨을 강조함으로써 전통적인 생각과의 차이를 나타내고 있다. 즉 아가서 시인은 인간의 출중한 외모 역시 하나님의 창조물임을 보여주고 있다. 그러나 이러한 외모에 대한 찬양이 인간의 내면을 소홀히 하는 것은 아니다. 단순히 연인의 외모만을 사랑하는 것이 아니라 자신의 연인의 외모가 어떨지라도 이것을 소중하고 귀하게 여기며 아름답다고 묘사하고 있다. 이러한 사실은 여자가 노동으로 인하여 피부가 검게 된 것을 아름답다고 묘사하는데서 잘 나타난다.

육체적 사랑의 영원함

아가서는 이처럼 아름다운 육체를 가진 두 남녀의 사랑 역시 하나님의 주권아래 있는 고귀한 창조의 산물임을 노래한다. 아름다운 생김새를 가진 남녀가 서로를 갈망하고, 서로를 존중하며, 서로 하나가 되어 사랑을 지키려는 것의 아름다움을 노래하고 있다. 특히 8:5-14 에서는 두 남녀가 서로에 대한 사랑을 고백하며 서로에 대한 갈망함을 고백하고 있다.

뿐만 아니라 아가서는 이러한 육체적 사랑은 모든 어려움을 이길 수 있는 영원한 사랑이고, 그 무엇으로도 이 사랑의 불을 끌 수 없다고 노래한다. 아가서 8:6에서 시인은 남녀의 사랑을 여호와의 불에 비유한다. 따라서 이 사랑은 어떤 홍수로도 끌 수 없고, 어떤 값을 주고서도 바꿀 수 없다고 노래한다(8:7).

따라서 이 사랑은 두 남녀가 지켜나갈 뿐만 아니라 주변에서 지켜주어야 할 것이라고 말한다. 아가서 8:8에서 여자의 오빠들은 동생의 사랑을 지켜주고 있음을 노래한다.

인위적인 아름다움을 찬양

또한 아가서는 자연적인 아름다움과 함께 사람에 의한 만들어진 아름다움을 노래하고 있다. 즉 여인에 대하여 숙련공의 손으로 만든 구슬 꿰미로 비유하거나(1:10, 7:2), 황옥을 물린 황금 노리개(5:14), 아로새긴 상아에 청옥을 입힌(5:14), 화반석 기둥(5:15), 건축한 다윗의 망대(4:4), 왕의 옷(3:8), 상아궁(3:8), 레바논 나무로 만든 가마(3:9), 금으로 만든 바닥(3:9), 솔로몬의 가마(3:7), 잣나무 서까래(1:17), 금 사슬(1:11) 등으로 비유한다.

이처럼 아가서의 시인은 인공적인 아름다움에 대하여 노래하고 있다. 무엇보다 사람의 손재주의 아름다움을 노래하는 것(1:10)은 전통적인 고대 이스라엘 사람들의 생각과 다르다. 시편 115:4에서는 사람의 손으로 만든 것을 우상으로 인식하그 있다(사 2:8, 시 135:15, 렘 1:16). 따라서 예레미야 10:9, 25:6-7, 32:30에서는 사람의 손으로 만든 것이 여호와를 격노하게 만들었다고 말한다. 심지어 호세아 14:3에서 이스라엘은 다시는 자신의 손으로 만든 것을 향하여 우리의 신이라 하지 않겠다고 말하고 있다. 이처럼 전통적으로 사람의 손으로 만든 것은 우상으로 격멸되어 왔다.

그러나 아가서에서는 사람의 손으로 만든 것 역시 하나님의 창조물이라는 생각을 드러낸다. 즉 사람의 손으로 만든 것의 아름다움을 노래하며, 이것도 하나님의 창조물이라고 노래하고 있다. 이러한 생각은 사람의 기술조차 하나님의 능력이 임한 것으로 이해하는 것에서 비롯된 것이다.

전통적으로 이방에서 수입된 것은 부정한 것으로 여겨졌지만 아가서는 이방에서 수입된 것도 아름답다고 노래함으로써 하나님의 창조 세계를 이방 세계로 까지 확대하고 있다.

아가서의 보편적 사고

아가서는 전통적인 고대 이스라엘의 사랑노래이지만 그러나 그 속에는 전통적인 고대 이스라엘의 사상과 매우 다른 새로운 생각들을 많이 내포하고 있다.

이방의 아름다움

전통적인 고대 이스라엘의 생각은 하나님이 주신 약속의 땅은 아름다운 곳이며, 이곳에서 생산되는 모든 것이 아름답고 거룩한 것으로 인식하였다. 그러나 아가서에서는 그 아름다움의 영역이 이방 세계까지 확대되어 표현되고 있다. 특히 사랑하는 남녀의 아름다움을 이방의 아름다움에서 찾고 있다. 여인의 아름다움에 대하여 게달의 장막으로 비교하거나(1:5), 바로의 병거의 말(1:9) 등의 아름다움에 비유하고 있다. 뿐만 아니라 헤스본 바드랍빔 문 곁의 연못(7:4)과 레바논 망대(7:4)로 눈과 코를 비유한다. 그리고 머리털이 자줏빛이라고 노래하는데 이러한것을 보면 다문화적인 성격을 띠고 있다고 할 수 있다.

더욱이 향기로움에 대하여 수입된 향품의 냄새로 비유하고 있다는 점은 아가서의 보편적인 사고를 찾아 볼 수 있다. 아가서의 시인은 연인의 품의 아름다움을 수입된 향품 냄새에 비유하는 것을 통하여 국제무역이 번성하였음을 보여주고 있으며, 이를 통하여 자연스럽게 이방의 문화가 수입되었기에, 이방의 아름다움도 묘사하고 있다.

비거룩함의 아름다움

아가서에서 가장 파격적인 것은 율법적으로 거룩하지 못한 동물을 통해 연인의 아름다움을 비유하는 것이다. 레위기 11:5과 신명기 14:14을 보면 까마귀는 부정한 동물로 기록되어 있다. 그런데 아가서에서는 연인의 아름다움을 부정한 동물과 비교하고 있다. 이러한 생각은 구약성경의 다른 어떤 곳에서도 찾아 볼 수 없는 것이다.

또한 여인이 떠나간 연인을 찾기 위하여 밤거리를 헤매는 것은 전통적인 사고에서 금했던 것이다. 그러나 아가서의 여인은 자신에게서 떠나간 연인을 찾아 나서는 것을 통하여 사랑의 갈망을 묘사하고 있다.

혼혈의 아름다움

또한 아가서에서 가장 파격적인 것은 이방인과의 혼혈을 긍정적으로 평가한 것이다. 여인의 피부가 검은색으로 변한 것을 아름답게 묘사하면서 게달의 장막에 비유한다. 시에서 여인은 야외 활동을 통하여 피부가 검어졌다고 노래한다. 전통적으로 사람의 피부는 광채가 나고 붉은 색일 때 아름답다고 말하거나 용모가 준수하다고 말한다. 그런데 검정 피부를 아름답다고 노래하는 것은 이스라엘이 주전 586년 예루살렘 성전이 멸망한 이후 바벨론, 이집트 그리고 요단 동편의 여러 지역으로 흩어지면서 민족적인 혼혈이 발생하였고, 그 결과 이스라엘 백성들 가운데 피부색이 검은 이들이 등장하게 되었다. 따라서 이 검은 피부를 야외활동에 의한 아름다움으로 묘사하고 있다. 이러한 시인의 의도는 역사적으로 발생한 새로운 현상 특히 혼혈에 대하여 긍정적으로 받아들이려는 것이다. 고대 이스라엘에서 혼혈의 예는 요셉의 예와 보아스의 예에서 나타나며 특히 요셉의 경우 후손들의 피부색 변화가 나타났을 것이다.

아가서의 다문화적 특성

아가서는 전통적인 고대 이스라엘의 문화와 사상을 근거로 함과 동시에 주변의 다양한 문물과 문화적 영향을 반영하는 다문화적 성격의 노래이다.

다양한 문화적 용어의 등장

아가서에는 당시 주변 세계에서 발전한 다양한 문화적 용어가 포함되어 있다. 특히 아가서 7:5에서 머리털이 자줏빛이라는 것은 매우 특이하다. 자줏빛을 뜻하는 **아르가만**(ארגמן)또한 아가서 7:3에서는 그리스의 포도주와 물을 섞는 크라테르(Krater)를 의미하는 **아간**(אגן)의 사용, 구슬 꿰미를 뜻하는 **아낙**(ענק)의 사용 등은 외국의 새로운 문물을 뜻하는 새로운 신조어가 사용된 경우이다.

이와 달리 외래어가 히브리어로 사용된 경우도 있다. 아가서 4:14의 나도(נרד ,אן דרד), 번홍화(כרכם, Saffron), 계수(קנמון, Cinnamon), 침향(אהלות, eaglewood) 등과 아가 3:9의 가마를 뜻하는 **아프리온**(אפריון)**225)** 등은 모두 산스크리트어(Sanskrit)에서 유래된 것이며, 아가서 6:11의 호도(אגוז, walnut), 4:14의 창포(קנה, calamus) 등은 페르시아로부터 알려진 것들이다.**226)** 또한 7:1(히 7:2)의 숙련공(아만, אמן)과 금을 뜻하는 **케템**(כתם)은 모두 수메르어가 아카드어를 거쳐 가나안으로 전달되어진 용어들이다.

이처럼 아가서는 다문화적 성격을 가진 사랑노래이다.

---

225) S. Malena, "Spice Roots in the Song of Songs," p. 170.
226) S. Malena, "Spice Roots in the Song of Songs," p. 167.

국제화된 아가서

아가서는 국제교역으로 인한 국제화의 특징을 가지고 있다. 이것은 마치 솔로몬 시대의 교역에 의한 국제화를 회상하게 한다. 특히 이스라엘에서 생산되지 않는 많은 향품에 대한 언급이나, 다양한 외래어의 차용 등은 국제화된 아가서의 특징을 잘 보여주고 있다. 이러한 특징 때문에 아가서의 저자를 솔로몬으로 생각하는 전통이 생겨나게 된 이유이기도 하다.

뿐만 아니라 앞에서 언급했듯이 보편적인 가치관, 이방에 대한 긍정적인 인식 등은 아가서의 국제화의 특징을 잘 보여준다.

개방적 아가서

아가서의 개방적 성격은 전통적인 사고를 부인하고 새로운 사고의 흔적을 발견하는데서 찾을 수 있다. 이방인을 하나님의 구원사에 포함시키는 보편주의적 사고라든지, 이방인의 장점이나 아름다움을 강조하거나 비거룩한 것의 아름다움까지 보여주는 것은 아가서의 개방적 특징을 잘 보여준다.

특히 아가서는 남녀의 책임있는 사랑의 아름다움을 이방 세계의 아름다움과 비거룩한 것의 아름다움과 비교함으로써 하나님의 창조 세계가 거룩한 영역에만 머물러 있지 않고 우주 전체로 뻗어있다는 것을 강조하고 있다. 즉 아가서는 하나님 창조 영역의 범주를 전 세계로 확대하고 있다.

The Song of Songs

부록

아가서와 율법

1. 결혼에 관한 율법규정

• 인류를 영속케 하기 위하여 결혼해야 함

하나님이 그들에게 복을 주시며 그들에게 이르시되 생육하고 번성하여 땅
에 충만하라 땅을 정복하라, 바다의 고기와 공중의 새와 땅에 움직이는 모
든 생물을 다스리라 하시니라(창 1:28).

• 결혼은 율법에 의해 주관되어야 함

1 사람이 아내를 맞이하여 데려온 후에 그에게 수치되는 일이 있음을 발견
하고 그를 기뻐하지 아니하면 이혼 증서를 써서 그의 손에 주고 그를 자기
집에서 내보낼 것이요 2 그 여자는 그의 집에서 나가서 다른 사람의 아내
가 되려니와 3 그의 둘째 남편도 그를 미워하여 이혼 증서를 써서 그의 손
에 주고 그를 자기 집에서 내보냈거나 또는 그를 아내로 맞이한 둘째 남편
이 죽었다 하자 4 그 여자는 이미 몸을 더럽혔은즉 그를 내보낸 전남편이
그를 다시 아내로 맞이하지 말지니 이 일은 여호와 앞에 가증한 것이라 너

는 네 하나님 여호와께서 네게 기업으로 주시는 땅을 범죄하게 하지 말지니라 5 사람이 새로이 아내를 맞이하였으면 그를 군대로 내보내지 말 것이요 아무 직무도 그에게 맡기지 말 것이며 그는 일 년 동안 한가하게 집에 있으면서 그가 맞이한 아내를 즐겁게 할지니라 6 사람이 맷돌이나 그 위짝을 전당 잡지 말지니 이는 그 생명을 전당 잡음이니라 7 사람이 자기 형제 곧 이스라엘 자손 중 한 사람을 유인하여 종으로 삼거나 판 것이 발견되면 그 유인한 자를 죽일지니 이같이 하여 너희 중에서 악을 제할지니라(신 24:1-7)

• 신랑은 일 년 동안 그의 아내와 더불어 즐겁게 지낼 것

사람이 새로이 아내를 취하였거든 그를 군대로 내어 보내지 말 것이요 무슨 직무든지 그에게 맡기지 말 것이며 그는 일 년 동안 집에 한가히 거하여 그 취한 아내를 즐겁게 할찌니라(신 24:5).

• 사람이 아들 없이 죽으면 그 형제가 그 죽은 자의 아내와 결혼할 것

형제가 동거하는데 그 중 하나가 죽고 아들이 없거든 그 죽은 자의 아내는 나가서 타인에게 시집가지 말 것이요 그 남편의 형제가 그에게로 들어가서 그를 취하여 아내를 삼아 그의 남편의 형제된 의무를 그에게 다 행할 것이요(신 25:5).

- **만약 그렇게 하지 않을 때에 그 여자를 놓아주어야함**

  그 형제의 아내가 장로들 앞에서 그에게 나아가서 그의 발에서 신을 벗기고 그 얼굴에 침을 뱉으며 이르기를 그 형제의 집 세우기를 즐거 아니하는 자에게는 이같이 할 것이라 할 것이며(신 25:9)

- **처녀를 통간한 자는 그와 결혼하여야 하며 그와 이혼할 수 없다**

  만일 남자가 어떤 약혼하지 아니한 처녀를 만나 그를 붙들고 통간하는 중 그 두 사람이 발견되거든 그 통간한 남자는 그 처녀의 아비에게 은 오십세겔을 주고 그 처녀를 아내로 삼을 것이라 그가 그 처녀를 욕보였은즉 평생에 그를 버리지 못하리라(신 22:28, 29).

- **만약 남편이 그 아내를 혼전 처녀성 상실이라는 이유로 부당하게 비방하면 그는 징계를 받아야 하고 그녀와 이혼할 수 없다**

  누구든지 아내를 취하여 그와 동침한 후에 그를 미워하여 비방거리를 만들어 그에게 누명을 씌워 가로되 내가 이 여자를 취하였더니 그와 동침할 때에 그의 처녀인 표적을 보지 못하였노라 하면 그 처녀의 부모가 처녀의 처녀인 표를 얻어 가지고 그 성읍문 장로들에게로 가서 처녀의 아비가 장로들에게 말하기를 내 딸을 이 사람에게 아내로 주었더니 그가 미워하여 비방거리를 만들어 말하기를 내가 네 딸의 처녀인 표적을 보지 못하였노라 하나 보라 내 딸의 처녀인 표적이 이것이라 하고 그 부모가 그 자리옷을 그 성읍 장로들 앞에 펼 것이요 그 성읍 장로들은 그 사람을 잡아 때리고 이스라엘 처녀에게 누명 씌움을 인하여 그에게서 은 일백 세겔을 벌금으로 받

아 여자의 아비에게 주고 그 여자로 그 남자의 평생에 버리지 못할 아내가
되게 하려니와(신 22:13-19).

• 행음하는 자는 율법에 의해서 처벌할 것

그 일이 참되어 그 처녀에게 처녀인 표적이 없거든 처녀를 그 아비집 문에
서 끌어내고 그 성읍 사람들이 그를 돌로 쳐죽일지니 이는 그가 그 아비집
에서 창기의 행동을 하여 이스라엘 중에서 악을 행하였음이라 너는 이와
같이하여 너의 중에 악을 제할지니라 남자가 유부녀와 통간함을 보거든 그
통간한 남자와 그 여자를 둘 다 죽여 이스라엘중에 악을 제할지니라 처녀
인 여자가 남자와 약혼한 후에 어떤 남자와 그를 성읍중에서 만나 통간하
면 너희는 그들을 둘 다 성읍 문으로 끌어내고 그들을 돌로 쳐 죽일 것이니
그 처녀는 성읍 중에 있어서도 소리지르지 아니하였음이요 그 남자는 그
이웃의 아내를 욕보였음이라 너는 이같이 하여 너의 중에 악을 제할지니라
(신 22:20-24).

• 포로 된 여인을 그 특별 규례대로 취급해야 한다

네가 나가서 대적과 싸움함을 당하여 네 하나님 여호와께서 그들을 네 손
에 붙이시므로 네가 그들을 사로잡은 후에 네가 만일 그 포로 중의 아리따
운 여자를 보고 연연하여 아내를 삼고자 하거든 그를 네 집으로 데려갈 것
이요 그는 그 머리를 밀고 손톱을 베고 또 포로의 의복을 벗고 네 집에 거
하며 그 부모를 위하여 일개월 동안 애곡한 후에 네가 그에게로 들어가서
그의 남편이 되고 그는 네 아내가 될 것이요 그 후에 네가 그를 기뻐하지

아니하거든 그 마음대로 가게 하고 결코 돈을 받고 팔지 말지라 네가 그를
욕보였은즉 종으로 여기지 말지니라(신 21:10-14).

- **이혼은 이혼 증서란 방법을 통해서 이행할 수 있다**
  1 사람이 아내를 맞이하여 데려온 후에 그에게 수치되는 일이 있음을 발견
  하고 그를 기뻐하지 아니하면 이혼 증서를 써서 그의 손에 주고 그를 자기
  집에서 내보낼 것이요(신 24:1)

2. 성에 관한 율법

- **여인이 간음한 혐의가 있으면 소정의 시험을 받도록 해야 한다**
  1 사람이 아내를 맞이하여 데려온 후에 그에게 수치되는 일이 있음을 발견
  하고 그를 기뻐하지 아니하면 이혼 증서를 써서 그의 손에 주고 그를 자기
  집에서 내보낼 것이요(신 24:1).

- **어미와 성 관계를 금함**
  네 어머니의 하체는 곧 네 아버지의 하체이니 너는 범하지 말라 그는 네 어
  머니인즉 너는 그의 하체를 범하지 말지니라(레 18:7).

- **계모와 성 관계를 금함**
  너는 네 아버지의 아내의 하체를 범하지 말라 이는 네 아버지의 하체니라

(레18:8).

• 자매와 성 관계를 금함

너는 네 자매 곧 네 아버지의 딸이나 너 어머니의 딸이나 집에서나 다른 곳
에서 출생하였음을 막론하고 그들의 하체를 범하지 말지니라(레18:9).

• 이복 자매와 성 관계를 금함

네 아버지의 아내가 네 아버지에게 낳은 딸은 네 누이니 너는 그의 하체를
범하지 말지니라(레18:11).

• 자부와 성 관계를 금함

너는 네 며느리의 하체를 범하지 말라 그는 네 아들의 아내이니 그의 하체
를 범하지 말지니라(레18:15).

• 손녀와 성 관계를 금함

네 손녀나 네 외손녀의 하체를 범하지 달라 이는 네 하체니라(레 18:10).

• 딸과 성 관계를 금함

네 손녀나 네 외손녀의 하체를 범하지 말라 이는 네 하체니라(레 18:10).

• 자기와 성 관계를 가진 어떤 여인의 딸과 성 관계를 금함

너는 여인과 그 여인의 딸의 하체를 아울러 범하지 말며 또 그 여인의 손녀
나 외손녀를 아울러 데려다가 그의 하처를 범하지 말라 그들은 그의 살붙

이이니 이는 악행이니라(레 18:17).

• 위와 같은 여인의 자부와 성 관계를 금함

너는 여인과 그 여인의 딸의 하체를 아울러 범하지 말며 또 그 여인의 손녀
나 외손녀를 아울러 데려다가 그의 하체를 범하지 말라 그들은 그의 살붙
이이니 이는 악행이니라(레 18:17).

• 여인의 손녀와 성 관계를 금함

너는 여인과 그 여인의 딸의 하체를 아울러 범하지 말며 또 그 여인의 손녀
나 외손녀를 아울러 데려다가 그의 하체를 범하지 말라 그들은 그의 살붙
이이니 이는 악행이니라(레 18:17).

• 고모와 성 관계를 금함

너는 네 고모의 하체를 범하지 말라 그는 네 아버지의 살붙이니라(레
18:12).

• 이모와 성 관계를 금함

너는 네 이모의 하체를 범하지 말라 그는 네 어머니의 살붙이니라(레
18:13).

• 숙모와 성 관계를 금함

너는 네 아버지 형제의 아내를 가까이 하여 그의 하체를 범하지 말라 그는

네 숙모니라(레18:14).

- **자부와 성 관계 금지**

  너는 네 며느리의 하체를 범하지 말라 그는 네 아들의 아내이니 그의 하체를 범하지 말지니라(레18:15).

- **형제의 아내와 성 관계를 금함**

  너는 네 형제의 아내의 하체를 범하지 말라 이는 네 형제의 하체니라(레18:16).

- **아내의 형제와 성 관계를 금함**

  너는 아내가 생존할 동안에 그의 자매를 데려다가 그의 하체를 범하여 그로 질투하게 하지 말지니라(레18:18).

- **경도가 있는 여인과 성 관계를 금함**

  너는 여인이 월경으로 불결한 동안에 그에게 가까이 하여 그의 하체를 범하지 말지니라(레 18:19).

- **간음하지 말라**

  너는 타인의 아내와 통간하여 그로 자기를 더럽히지 말지니라(레 18:20).

- **남자는 짐승과 성적 관계를 갖지 못한다**

  너는 짐승과 교합하여 자기를 더럽히지 말며 여자가 된 짐승 앞에 서서 그

것과 교접하지 말라 이는 문란한 일이니라(레 18:23).

• 여자는 짐승과 성적 관계를 갖지 못한다

너는 짐승과 교합하여 자기를 더럽히지 말며 여자는 짐승 앞에 서서 그것과 교접하지 말라 이는 문란한 일이니라(레18:23).

• 동성연애를 하지 못한다

너는 여자와 교합함 같이 남자와 교합하지 말라 이는 가증한 일이니라(레 18:22).

• 아비와 동성연애를 하지 못한다

너희는 골육지친을 가까이하여 그 하체를 범치 말라 나는 여호와니라(레 18:6).

• 숙부와 동성연애를 하지 못한다

너는 네 아버지 형제의 아내를 가까이 하여 그의 하체를 범하지 말라 그는 네 숙모니라(레18:14).

• 자신의 아내 외에 어떤 친척과도 육체적 접촉을 하지 못함

너는 네 형제의 아내의 하체를 범하지 말라 이는 네 형제의 하체니라(레 18:16).

- 거세를 금한다

  너희는 불알이 상하였거나 치었거나 터졌거나 베임을 당한 것은 여호와께 드리지 말며 너희 땅에서는 이런 일을 행치도 말지며(레 22:24).

3. 이방에 관한 규정

- 가나안 일곱 족속과 조약을 맺지 말라

  너는 그들과 그들의 신과 언약하지 말라(출 23:32)

- 일곱 가나안 족속을 진멸할 것

  곧 헷 족속과 아모리 족속과 가나안 족속과 브리스 족속과 히위 족속과 여부스 족속과 네가 진멸하되 하나님 여호와께서 네게 명하신대로 하라(신 20:17).

- 그들의 생명을 하나도 살리지 말라

  오직 네 하나님 여호와께서 네게 기업으로 주시는 이 민족들의 성읍에서는 호흡 있는 자를 하나도 살리지 말지니(신 20:16).

- 우상 숭배자들을 불쌍히 여기지 말라

  네 하나님 여호와께서 그들을 네게 붙여 너로 치게 하시리니 그 때에 너는 그들을 진멸할 것이라 그들과 무슨 언약도 말 것이요 그들을 불쌍히 여기지도 말것이며(신 7:2).

The Song of Songs

참고문헌

참고문헌

Albright W. F., "Archaic Survivals in the Text of Canticles," *Hebrew and Semitic Studies Presented to Godfrey Rolles Driver*, eds. D. W. Thomas and W. D. McHardy, Oxford: Clarendon, 1963, pp. 1-7.

Audet J. P., "Le sens du Cantique des cantiques," *RB* 62 (1955): 197-221.

__________, "Love and Marriage in the Old Testament," *Scr* 10 (1958): 65-83.

Ayo N., Sacred Marriage: *The Wisdom of the Song of Songs*. New York: Continuum, 1997.

Bea A., Canticum Canticorum Salomonis quod hebraice dicitur Sir Hassirim, SPIB 104, Rome: Pontifical Biblical Institute, 1953.

Block A., and Bloch C., *The Song of Songs: A New Translation*. New York: Random House, 1995.

Brenner A. ed., *A Feminist Companion to the Song of Songs*. Sheffield: JSOT Press, 1993.

Carr G. L., *The Song of Solomon*. TOTC. Downers Grove: InterVarsity, 1984.

Childs B. S., *Introduction to the Old Testament as Scripture*. Philadelphia: Fortress, 1979.

Delitsch F., *Proverbs, Ecclesiastes, Song of Solomon*. Grand Rapids: Eerdmans, 1975.

__________, *Commentary on the Song of Songs and Ecclesiastes*. Edinburgh: T. & T. Clark, 1891.

Eissfeldt O., *The Old Testament: An Introduction*. tr. Peter R. Ackroyd;

New York/Evanston: Harper and Row, 1965.

Exum J. C., "A Literary and Structural Analysis of the Song of Songs," *ZAW* 85 (1973): 47-79.

Fox M. V., *The Song of Songs and the Ancient Egyptian Love Songs*. Madison: University of Wisconsin Press, 1985.

Fuerst W. J., *The Book of Ruth, Esther, Ecclesiastes, The Song of songs, Lamentations: The Five Scrolls*. CBC; Cambridge: Cambridge University, 1975.

Garrett D., *Proverbs, Ecclesiastes, Song of Songs*. Nashville: Broadman and Holman, 1993.

Gerleman G., *Ruth, Das Hohelied*. BKAT 18; Neukirchen-Vluyn: Neukirchener, 1965.

Ginsburg C. D., *The Song of Songs and Coheleth*. LBS; New York: Ktav, 1970.

Gledhill T., *The Message of the Song of Songs*. Downers Grove: InterVarsity, 1994.

Gordis R., *The Song of Songs and Lamentations: A Study, Modern Translation, and Commentary*. New York: KTAV, 1974.

__________, The Root *dgl* in the Song of Songs. *JBL* 88 (1969), pp. 203-204.

Greer R. A., *Origen*. The Classics of Western Spirituality; New York: Ramsey; Toronto: Paulist, 1979.

Hanson R. P. C., *Allegory and Event: A Study of the Source and Significance of Origen's Interpretation of Scripture*. London: SCM; RichRicd: John Knox, 1959.

Hermann A., *Altagyptische Liebesdichtung*. Wiesbaden: Otto Harrassowitz, 1959.

Hess R.S., *Song of Songs*, Grand Rapids: Baker Academic, 2005.

Horst F., "Die Formen des althebraischen Liebesliedes" Pp. 176-187 in

Gottes Recht: Gesammelte Studien zum Recht im Alten Testament. ed. Hans Walter Wolff, TB 12, Munchen: Chr. Kaiser, 1961, pp. 176-187.

Jacobsen T., *The Harps That Once...: Sumerian Poetry in Translation.* New Havan-London: Yale University, 1987.

Jacobsen T., *The Treasures of Darkness: A History of Mesopotamian Religion.* New Havan/London: Yale University, 1976.

Joüon P., *Le Cantique des Cantiques: Commentaire philologique et exégétique.* Paris: Gabriel Beauchesne, 1909.

Keel O., *The Song of Songs.* Minneapolis: Fortress, 1994.

__________, *Das Hohelied,* ZBAT 18; Zürich: Theologischer Verlag, 1986.

__________, *Deine Blicke sind Tauben: Zur Metaphorik des Hohen Liedes.* SBS 114-115; Stuttgart: Katholisches Bibelwerk, 1984.

Kellner M., *Commentary on Song of Songs: Levi ben Gershom (Gersonides).* New Haven: Yale University Press, 1998.

Kramer, "Cuneiform Studies and History of Literature: The Sumerian Sacred Marriage Texts," *PAPS* 107, 1963, pp. 485-516.

Krinetzki G., *Hoheslied.* NEchB; Würzburg: Echter, 1980.

Krinetzki L., *Das Hohe Lied: Kommentar zu Gestalt und Kerygma eines alttestamentlichen Liebesliedes.* KBANT; Düsseldorf: Patmos, 1964.

Kuhn G., *Erklärung des Hohen Liedes.* Leipzig: A. Deichert [Werner Scholl], 1926.

Lauterbach J. Z., *Mekilta de Rabbi Ishmael,* 3 Vols. Philadelphia: Jewish Publication of America, 1933.

Lawson R. P., *Origen: The Song of Songs. Commentary and Homilies.* ACW 26; Westminster, Maryland: Newman; London: Longman, Green, 1957.

Lichtheim M., *Ancient Egyptian Literature: A Book of Readings,* Vol. 2: *The*

New Kingdom. Berkeley/Los Angeles/London: University of California, 1976.

Loewe R., "Apologetic Motifs in the Targum to the Song of the Songs," Pp. 159-196 in Alexander Altmann ed., *Biblical Motifs: Origins and Transformations.* Philip W. Lown Institute of Advanced Studies, Brandies University, Studies and Tests 3; Cambridge: Harvard University, 1966.

Longman III T., *The Song of Songs.* Grand Rapids: Eerdman, 2001.

Loretz O., *Studien zur althebräischen Poesie 1: Das althebräische Liebeslied. Untersuchungen zur Stichometrie and Redaktionsgeschichte des Hohenliedes und des 45. Psalms.* AOAT 14/1; Kevelaer: Butzon & Bercker; and Neukirchen-Vluyn: Neukirchener, 1971.

__________, "Zum Problem des Eros im Hohenlied," *BZ* 8 (1964): 191-216.

Lys D., *Le plus beau chant de la création: Commentaire du Cantique des Cantiques.* LD 51; Paris: Cerf, 1968.

Mariaselvam A., *The Song of Songs and Ancient Tamil Love Poetry.* Rome: Editrice Pontifico Istituto Biblico, 1988.

Meek T. J., "The Song of Songs: Introduction and Exegesis," Pp. 89-148 in aeorge Arthur Buttrick et al. (eds.) *The Interpreter's Bible,* Vol. 5. Nashville: Abingdon, 1956.

Miller A., *Das Hohe Lied übersetzt und erklärt.* HS 6/3; Bonn: Peter Hanstein, 1927.

Murphy R. E., *Wisdom Literature: Job, Proverbs, Ruth, Canticles, Ecclesiastes, and Esther.* Grand Rapids: William B. Eerdmans, 1981.

__________, *The Song of Songs.* Minneapolis: Fortress, 1990.

Nolli G., *Cantico dei cantici.* La Sacra Bibbia; Torino/Roma: Marietti, 1968.

Ohly F., *Hohelied-Studien. Grundzüge einer Geschichte der*

Hohenliedauslegung des Abendlandes bis um 1200. Wiesbaden: Franz Steiner, 1958.

Pope M. H., *The Song of Songs*. New York: Doubleday, 1977.

Ricciotti G., *Cantico dei Cantici: Versione critica dal testo ebraico con introduzione e commento*. Torinto: Societá Editrice Internazionale, 1928.

Ringgren H., "Das Hohe Lied" in *idem* and Artur Weiser, *Das Hohe Lied, Klagelieder, Das Buch Esther: Übersetzt und erklärt*. ATD 16/2; Göttingen: Vandenhoeck & Ruprecht, 1958, pp. 1-37.

Robert A., *Le Candique des Cantiques*, Paris: J. Gabalda, 1963.

Rowley H., The Interpretation of the Song of Songs. Oxford: Basil Blackwell, 1965, pp. 195-245.

Rudolph W., *Das Buch Ruth, Das Hohe Lied, Die Klagelieder*. Gütersloh: Gütersloher Verlagshaus, 1962.

Scheper G. L., The Spiritual Marriage: The Exegetic History and Literary Impact of the Song of Songs in the Middle Ages. Princeton University, 1971.

Segal M. H., "The Song of Songs," VT12, 1962, pp. 470-490.

Shea W. H., The Chiastic Structure of the Song of Songs. *ZAW* 92 (1984): 378-396.

Simon M., "Song of Songs" in *Midrash Rabbah*, Vol. 9. ed. H. Freedman and Maurice Smon; London: Soncino, 1930.

Simpson W. K., *The Literature of Ancient Egypt: An Anthology of Stories, Instructions, and Poetry*. London: Yale University, 1972.

Smalley B., *The Study of the Bible in the middle Ages*. Oxford: Basil Blackwell, 1952.

Snaith J. G., *The Song of Songs*. Grand Rapids: Eerdmans, 1993.

Sperber A., *The Bible in Aramaic, Based on Old Manuscripts and Printed*

Texts, Vol. 4A: The Hagiographa: Transition from Translation to midrash. Leiden: E.J. Brill, 1968, pp. 127-141.

Swete H. B., An Introduction to the Old Testament in Greek. Cambridge: University Press, 1900.

Tournay R. J., *Quand Dieu parle aux hommes le langage de l' amour. Etudes sur le Cantique des cantiques*. CRB 21; Paris: J. Gabalda, 1982.

Urbach E., "The Homiletical Interpretations of the Sages and the Expositions of Origen on Canticles, and the Jewish-Christian Disputation" in Joseph Heinemann and Dov Noy (eds.), *Studies in Aggadah and Folk Literature*. SH 22; Jerusalem: Magnes/Hebrew University, 1971, pp. 247-275.

Vajda G., *L'amour de Dieu dans la théologie juive du Moyen Age*. Paris: Librairie philosophique, 1957.

Verbraken P., *Sancti Gregorii Magni*. CCSL 144; Tyrnholti: Brepols, 1963, pp. 3-46.

Wagner M., Die lexikalischen und grammatikalischen Aramaismen im Alttestamentlichen Hebräisch. BZAW 96; Berlin: Alfred Töpelmann, 1966.

Waterman L., *The Song of Songs*. Ann Arbor: University of Michigan Press, 1948.

Weems R. J., "The Song of Songs," *The New Interpreter's Bible* Vol. 5. Nashville: Abingdon Press, 1997, pp. 361-434.

White J. B., *A Study of the Language of Love in the Song of Songs and Ancient Egyptian Literature*. SBLDS 38; Missoula: Scholars, 1978.

Würthwein E., "Das Hohelied" in *idem*, Kurt Galling, and Otto Plöger, *Die fünf Megilloth*. HAT 18; Tübingen: J. C. B. Mohr, 1969, pp. 25-71.

김영진, 『이스라엘 역사 서설』(광주: 올람하타낙, 2002)

______, 『성서와 민족』(광주: 올람하타낙, 2003).
______, 『구약성서 읽기』(서울: 이레서원, 2006).
______, 『이스라엘 역사』(서울: 이레서원, 2006).
______, 『크투빔: 성문서 연구』(서울: 한들출판사, 2007).
______, 『삶의 의미를 찾아서』(서울: 이레서원, 2008).
우성주, "이미지(Image)를 활용한 향연문화의 재구성", 「서양고대사연구」 25(2009), pp. 57-91.
장일선, 『구약세계의 문학』(서울: 대한기독교출판사, 1981).
조철수, 『수메르 신화』(서울: 서해문집, 2003).

색인

주제색인

성구색인

인명색인

지명색인

저자색인